聚焦核心素养的
英语教学实践

周瑞雪 ◎ 著

吉林出版集团股份有限公司

图书在版编目（CIP）数据

聚焦核心素养的英语教学实践 / 周瑞雪著 . — 长春:吉林出版集团股份有限公司, 2023.4

ISBN 978-7-5731-3052-5

Ⅰ. ①聚… Ⅱ. ①周… Ⅲ. ①英语－教学研究－高等学校 Ⅳ. ①H319.3

中国国家版本馆 CIP 数据核字（2023）第 045704 号

聚焦核心素养的英语教学实践

JUJIAO HEXIN SUYANG DE YINGYU JIAOXUE SHIJIAN

著　　者 周瑞雪

责任编辑 滕　林

封面设计 林　吉

开　　本 787mm×1092mm　1/16

字　　数 233 千

印　　张 11

版　　次 2023 年 4 月第 1 版

印　　次 2023 年 4 月第 1 次印刷

出版发行 吉林出版集团股份有限公司

电　　话 总编办：010-63109269

发行部：010-63109269

印　　刷 廊坊市广阳区九洲印刷厂

ISBN 978-7-5731-3052-5　　定价：78.00 元

前　言

大学英语教学是高等教育培养国际化高素质人才的重要组成部分。大学英语教学改革实施 10 多年以来，取得了显著的成果。但是随着国家需求、社会需求和学生需求的变化，大学英语教学需要进一步地创新和突破，因此对大学英语教学发展的研究，就显得尤为重要。

在新时代背景下，在目前的教育体系中， 随着物质需求的逐步满足，精神需求不断提升，学生的核心素养要求也越来越多地受到重视。对于学校而言，英语课堂教学本身就是逐步培养学生英语核心素养的重要方式，也是引导学生逐步探索学习方式、提升实践能力、培养自身英语思维与逻辑能力的重要途径。互联网时代下的高校英语课堂正是深入贯彻国家教育政策要求、逐步凸显学生学习主体性的重要方式。本书立足于互联网时代的发展背景与发展基础，深入剖析互联网时代高校英语教学的现状与存在的问题，全面分析其产生的背后原因，并进一步探索互联网时代促进高校英语教学发展的有效方式与策略。

由于笔者水平和编写时间有限，书中疏漏之处在所难免，请广大读者提出宝贵的意见和建议。

周瑞雪

2023 年 4 月

目　录

第一章　英语核心素养背景

第一节　英语学科核心素养的内涵

英语学科核心素养包括语言能力、思维品质、文化意识、学习能力四个维度。语言能力是用语言做事的能力，涉及语言知识、语言意识和语感、语言技能、交际策略等内容。思维品质是思维和辨别能力，包括分析、推理、判断、理性表达、英语多元思维等活动。文化意识主要在于理解不同国家的文化内涵，比较异同，吸收精华，尊重差异。学习能力包括认知策略、交际策略和情感策略。核心素养为英语学习服务。学习英语最重要的是坚持，找到合适的方法，多说、多写、多读、多用，经常复习学过的内容。这种学习过程是一个观察、模拟、认知、记忆、思维的综合心理活动过程。

一、语言能力

语言能力是指掌握一门语言的能力。这种能力表现在能够说或理解各种语法句子，能够分辨歧义句，能够分辨表面形式相同但实际语义不同或表面形式不同但实际语义相似的句子，以及运用听、说等语言技能，进行读、写、译。广义的语言能力是指抽象的思维能力和灵活的发音能力的结合。狭义的语言能力是指人与动物之间的差异，即人脑天生就有语言装置、语言习得机制和语言器官。

语言表达能力是现代人才必备的素质之一。在现代社会，由于经济的飞速发展，人与人之间的交流越来越频繁，语言表达能力的重要性也越来越明显，口才越来越被认为是现代人必备的能力。作为现代人，我们不仅要有新的思想和观点，而且还要能在别人面前很好地表达出来；既要用自己的行为为社会做贡献，也要用自己的语言感染和说服别人。就职业而言，现代社会各行各业的人都需要口才，对政治家和外交官来说，好的口才是基本素质；对商人来说，推销商品、吸引顾客、经营和管理企业都需要好的口才。在人们的日常交际中，口才好的人能把平淡的话题说得很吸引人，而嘴拙的人说的会让人听起来感觉无趣。有些建议，口才好的人一说就会被采纳，而口才差的人即使说了很多遍也不会被采纳通过。美国医学会前主席大卫·奥门博士曾经说过，我们应该尽力培养让别人进入我们的头脑和心灵的能力，在别人面前、在人群中、在公众面前，把我们的思想和想法清晰地传达给别人。当我们发现，我们正在努力塑造一个前所未有的自我形象时，我们的思想就会不断进步。总之，语言能力是我们提高自身素质、发挥潜能的关键；是我们掌控人生、改变人生、追求事业成功的宝贵财富。掌握语言能力也是成功的必要条件。

语言能力是一个人学习、理解和掌握使用语言的能力。具体地说，它是一个人在语言交际中的思维、说话和反应能力。语言能力不是天生的，而是通过学习来获得的。由于主客观需求的不同，我们在语言学习上花费的时间也不同。由此可见，人的语言能力主要取决于后天的语言训练。

语言在人的生活中起着重要的作用。长期以来，人们总是认为语言只是一种交际工具，我们必须掌握并熟练地使用它。而事实上，这种理解只是基于语言的交际功能。从语言与“说话人”的关系来看，语言是一种“多媒体”，可以作为一种工具和心理能力的反映。例如，如果你想在谈话时表达同样的意思，有些人会“反应机智”，而有些人“不能准确表达意思”。如果一个人的其他能力都很优秀，他的语言表达能力也在逐渐提高，那么他一定会变得更好。我们生活在一个有声的语言世界中，语言能力是每个人一生中极为重要的生存能力，语言交流水平的高低就是语商能力的高低。语商不仅可以使人用大脑思考，而且可以让人随时地用语言表达思维。人们的语言交流和人际沟通能力在竞争日益激烈的 21 世纪显得更加重要，语商将给我们带来新的生存机遇，而高语商会使我们获得人际关系的全方位提升。最新修订版的英语教材在语言能力的定义中突出了社会情境。语言在社会情境中传递信息，一旦离开情境，语言只是一套符号，呈现的也只是一些语义上的表层意思。因此，语言能力是基于具体社会情境而言的。为此，最新修订版的英语教材通过对主题的界定，并根据学生的生活实际，提出“人与自我”“人与社会”和“人与自然”三大主题语境，形成社会情境范围，改变了语言学习中 24 个分列话题所产生的碎片化现象。

语言能力的具体表现是理解和表达能力，主要行为是听、说、读、写。听、读、看是信息的输入渠道，而说、写是信息的输出渠道，修订后的课程标准以语言技能为主题，强调运用语言知识在语境中获取信息、吸收信息、综合信息、传递信息。同时也提出了多模态语篇的概念，即口头语、书面语、新媒体等语篇类型，也包括各种文体。学生通过有效练习听力、有效读写、学习视觉表达，可以在特定的语境中获取和传递有效的信息。与视觉技能搭配在一起，效果会更明显。

视觉技能在信息交流中无处不在，在信息技术时代，视觉技能的重要性越来越突出。新时代的学生在一个充满视觉形象的社会中成长。在智能手机、平板电脑终端、电脑和电视等媒体设备中，他们会接触到各种各样的图像。视觉技能的培养有助于他们理解这些图像的视觉信息，创造自己思想的视觉表达。根据循序渐进原则，修订后的课程标准首先借用了“看”的技巧，为古老的语言能力命题增添了时代元素。

如果说在信息输入和输出的两端，语言能力通过语言技能的表现是显性的，那么在信息输入和信息输出的两端之间，语言能力的表现就是隐性的。信息同化和信息合成是理解和表达能力的关键。修订后的课程标准在学科核心素养层面提出了思维品质，在课程内容层面设计了学习策略，这与语言能力培养目标直接或间接相关。信息可以通过回忆、总结和分类来理解；信息可以通过归纳、演绎和应用来处理；信息可以通过比较、综合、构建和创新来生成。从这个意义上说，语言能力是心理水平的表现。

无论是理解能力、表达能力还是心理活动，都指向语言行为。然而，要衡量理解或表达能力，就要看理解或表达的有效性，即内容的质量。在语言能力的定义上，修订后的课程标准是指对“意义、意图和情感态度”的理解和表达。所获得或传递的信息的有效性首先表现在语言表层结构的表达上是否符合语音、词汇、语法等规律，其次体现在语言的深层结构上是否符合语篇的逻辑结构和语言学的功能特征，最后才是语篇的有效性在文化层面上是否符合世界观和价值取向。语言能力在正确的文化品格前提下是有意义的。

综上所述，语言能力的内涵是语言知识、文化知识、语言技能和学习策略在主题语境中的综合能力表现，它的扩展与文化品格、思维品质和学习能力密切相关，即英语语言能力是英语学科核心素养的基础，有利于学生文化素质的发展。英语语言能力的提高有助于学生拓宽文化视野、丰富思维方式，使学生能够在全球化背景下进行跨文化交际。

二、思维品质

思维品质也称智慧品质，指思维能力的特点及其表现。人们在思维活动过程中表现出不同方面的特点及其差异，就构成了思维品质。思维品质有：思维的逻辑性、思维的广阔性、思维的深刻性、思维的独立性、思维的灵活性、思维的敏捷性、思维的批判性、思维的确定性、思维的创造性和思维的预见性。对于思维品质来说，可以从质和量两方面加以理解，其实质是思维品质的个性特征。思维品质反映了每个个体在智力或思维水平方面的差异，主要包括深刻性、灵活性、独创性、批判性、敏捷性和系统性六方面。

（一）深刻性

深刻性是指思维活动的抽象程度和逻辑层次，涉及思维活动的广度、深度和难度。人的思维主要是言语思维，是对抽象概念的理解，要在感性材料的基础上，去粗取精、去伪存真，由此及彼、由表及里，把握事物的本质和内在关系，理解事物的规律性。在这个过程中，个体表现出深刻的差异。思维的深刻性体现在智力活动中的深刻思考，如善于概括和分类，逻辑抽象性强；善于把握事物的本质和规律，进行系统的认识活动；善于预见事物的发展过程。智力超常的人抽象概括能力强，智力低的人通常停留在直觉水平上。

（二）灵活性

灵活性是指思维活动的灵活程度。它的内容包括：一是思维起点灵活，即从不同角度、方向、方面，能用多种方法来解决问题；二是思维过程灵活，从分析到综合、从综合到分析，全面而灵活地进行“综合分析”；三是概括迁移能力强，运用规律的自觉性高；四是善于组合分析，伸缩性大；五是思维的结果通常是多种合理而灵活的结论，不仅仅有量的区别，还有质的区别。灵活性反映了智力的“迁移”，如我们平时所说的“举一反三”“运用自如”等。灵活性强的人，思考方向也灵活，善于从不同的角度与方面思考问题，能较全面地思考问题、分析问题并解决问题。

（三）独创性

创意是思维活动的创造性。在实践中，除了善于发现和思考问题外，更重要的是创造性地解决问题。人类和科学的发展离不开思维的独创性，有了独创性，才能有一些发明、发现和创新。独创性来自知识、经验或思维材料在主体高度概括后的集中、系统的传递，通过新的组合分析，找出新的、不同的层次和交点。通用性越高，知识的系统性越强，可扩展性越强；流动性越灵活，注意力越集中，独创性越突出。

（四）批判性

批判性是思维活动中独立发现和批判的程度。是循规蹈矩、人云亦云，还是独立思考、善于发问，这是思维过程中一个很重要的品质。思维的批判性品质，来自对思维活动各个环节、各方面进行调整、校正的自我意识。它具有分析性、策略性、全面性、独立性和正确性五个特点。正是有了批判性，人类才能够对思维本身加以认识，也就是人类不仅能够认识客体，而且还能够认识主体，并且在改造客观世界的过程中改造主观世界。

（五）敏捷性

敏捷性是指思维活动的速度，它反映了智力的敏锐程度。有了思维敏捷性，在处理问题和解决问题的过程中，才能够适应情况的变化来积极地思维、周密地考虑、正确地判断和迅速地做出结论。比如，智力超常的人，在思考问题时敏捷，反应速度快；智力低的人，通常迟钝，反应缓慢；智力正常的人则处于一般的速度。

（六）系统性

系统性是指思维活动的有序性和整合各种信息的能力。系统思维是把物质系统看作一个整体的思维方式。与传统的先分析后综合的思维方式不同，系统思维的过程是：从整体出发，先综合，再分析，最后从更高的阶段回到新的综合。它具有完整性、全面性、量化和准确性的特点。要注重结构与功能的统一，把握事物的整体效果；要从物质系统各要素的相互联系和相互作用以及与外部环境的关系来把握物质系统的整体结构。随着现代自然科学的发展，特别是系统论的出现，系统思维已成为人们认识复杂物质系统的重要思维方式。

三、文化意识

文化是当代社会中的独特现象，西方的知名人类学者曾经给文化进行了概念界定：文化是一种内含知识、艺术、法律、风俗和所有别的能力以及习惯的一种复合体。一旦脱离了语言，文化自然是无法存在的。与此同时，假如脱离了文化，语言自然也就丧失了内容和意义。文化意识的淡薄以及文化知识的缺乏影响了学生英语学习能力的提升。语言全面植根于文化的土壤之中，一旦脱离了其所蕴含的文化基础，语言自然也是难以存在的。如果语言使用者难以掌握自身所依赖的母语国家文化，当然也就难以理解语言所具备的丰富意义。应用英、汉两种语言的人会自然而然地在脑海中对相同含义的词语产生出不同的联想，这正好印证了不同语言在心理上与推理方式上是不同的，这样一来也就容易在信息传递过程中出现差错从而阻碍信息的传递。鉴于此，立足于其他国家文化知识的全面学习，能够更好地了解其生产生活方式和人文风俗习惯等，就能够更好地避免由于文化上的差异而出现差错。母语为汉语的学习者在学习英美文化的过程中，思维定式会使其自觉或不自觉地从本民族自身的角度来对待其他国家的文化。这一文化上的困扰也或多或少会让学生对所学习的内容不理解，甚至产生误解。对学习者讲解两种文化之间的差异，并且进行文化比较，是使学习者更好学习的重要方式。

四、学习能力

学习能力是指成功完成学习活动的各种能力的总和，包括感知和观察能力、记忆能力、阅读能力、解决问题能力等。一般来说，学习能力的高低与系统进化程度的高低密切相关。系统进化程度越高，学习能力越强。在教育环境中，学习能力的培养与教学过程是相辅相成的。对于个人而言，它包括可以容纳和存储的知识和信息的类型和数量、行为活动模式的类型以及新旧信息的替代能力。学习能力是学生顺利完成学习目标的重要心理特征。学习能力分为两种，一种是实际的学习能力，指学习能力和记忆能力已经达到了一定的水平。例如，一个学生是否能解决某种类型的问题以及解决问题所需的时间长短，这种能力很容易理解和测试。通常，学校的考试测试的就是这种能力。另一种是指潜在的学习能力，它是一种尚未表现出来的心理能量，但可以通过学习和训练发展成为实际的学习能力。例如，一个学生不能解决“行程表”的问题，但在老师的帮助和自己的实践中，他学会了理解和回答这类问题。这种能力不像实际的学习能力那样容易反映和检验，但仍然是可以衡量的。

实际的学习能力与潜在学习能力是不可分割的统一体。潜在学习能力是一个抽象的概念，是各种学习能力的可能性。它以遗传和成熟为基础，通过学习和训练，将其转化为实际学习能力。潜在学习能力是形成实际学习能力的基础和条件，而实际学习能力是潜在学习能力的表现，二者密不可分。根据能力的发展趋势，可以分为一般能力和特殊能力。一般能力是指适应广泛的实践活动的能力，包括智力及其要素。特殊能力是指适应一定专业活动的能力，如音乐能力、绘画能力、体育能力等。因此，根据一般能力和特殊能力，学生的学习能力可以分为一般学习能力和学科学习能力。学习能力有八个基本要素：

（一）感知能力

感知能力包括课堂感知能力和课外观察能力，表现为学生对学习内容、方法及学习情境的选择、理解和整体认知，对课外信息的观察和反映。

（二）注意力

注意力表现为学生在学习情境下的专注水平，包括注意的范围大小、集中程度、稳定性、转移的快慢、注意分配（同时注意两个以上的物体）的情况等。

（三）记忆力

记忆力表现为感觉记忆、短时记忆、长时记忆的容量和保持时间，识记速度、储存牢固、重现与再认效率高、遗忘少等。

（四）思维能力

思维能力，从思维过程上说，包括分析与综合能力、比较能力、抽象与概括能力、系统化与具体化能力；从思维方式上说，包括概念的形成与掌握能力、判断与推理能力、发散思维与复合思维能力等。

（五）想象力

想象力包括幻想能力、自由联想能力、再造想象和创造想象能力。

（六）语言表达能力

语言表达能力包括口语、书面语的表达能力和内部语言的外化能力。

（七）操作能力

操作能力，从智力操作上说，表现为智力过程的速度、广度、逻辑性、灵活性、独立性、首创性等；从手工操作上说，表现为动作的反应快、熟练性、准确性和应变性。

（八）学习适应能力

学习适应能力包括学习适应与调节能力、自我反馈与评定能力、学习方法的选择与创造能力、学习心得经验的总结能力等。

学习者通过后天的训练获得了自主学习能力。学习者通过分析、探索、实践、提问、创造等方法，独立实现学习目标的能力，也叫自学能力。自主学习是与传统接受性学习相对应的一种现代学习方式，是一种综合性的学习技能。无论有无外力的帮助，学习者都可以主动地判断学习需求，形成学习目标，评估可用资源，选择并实施适当的学习方法，评估学习效果。最后，满足社会和个人发展的需要和获得终身学习能力。

第二节　英语学科加强学生核心素养培养的重要性

“核心素养”是为适应信息时代人们自我实现、学习生活和社会生活的新挑战而诞生的概念。“核心素养观”是我国深化教育课程改革的重要理念之一，它指向了信息时代课程体系的构建。从全球范围来看，虽然国际组织和不同国家提出的核心素养要素表达方式不同，但都指向一些共同的素质，包括创新能力、批判性思维、解决问题的能力、信息素养、国际视野、沟通能力、团队合作、社会参与、自我规划与管理等。这些素质的选择是为了适应 21 世纪的挑战，也反映了经济技术信息化发展的最新要求。

“中国学生发展的核心素养”研究成果于 2016 年 9 月 13 日在北京发布。核心素养是以“全面发展的人”为核心，包括文化基础、自主发展和社会参与三方面。它综合表现为人文传承、科学精神、学会学习、健康生活、责任心、实践创新六大品质。核心素养是学生知识、技能、情感、态度、价值观等要求的综合体现。它是每个学生终身发展和社会发展不可缺少的共同素质，它的发展是一个终身的过程。可教性、可学性和可评价性这一核心素养最初是在学生家庭和学校中培养出来的，然后在他们的生活中不断提高。中国学生的核心素养需要通过家庭和学校教育教学来实现和培养。实施学生核心素养培养，将推动课程改革进入深化阶段。

第八次国家基础教育课程改革提出了综合运用语言能力的目标，其中，英语学习目标由五个要素组成，增加了情感态度和学习策略这两个概念。经过广大英语教育工作者的努力，这些目标已经开始逐步实现。英语是一门英语学科，而一门语言的背后是一种文化和一种思维，学生学习英语，不只是要掌握这门英语，也要理解讲英语国家的文化，习惯他们的思维方式。英语学科离不开语言、文化和思维，大学英语课程教学要求提出了语言能力、文化品格、思维品质和学习能力四个学科核心素养。四大核心素养是互相影响、互相促进的整体，其中，语言能力是基础要素，文化品格是价值取向，思维品质是心智保障，学习能力是发展条件。英语学科核心素养的形成，是要将培养的总目标从强调培养学科知识与技能的综合运用能力转为培养具有中国情怀、国际视野和跨文化沟通能力的社会主义建设者和接班人。

随着课程改革和素质教育的不断深入，将学生核心素养的培养渗透到大学英语教学中，已成为大学英语教学改革的重要目标。渗透核心素养教育可以帮助学生获得更全面的成长，为社会进步和发展培养更多的实用型人才。它一方面可以大大提高学生的英语学习能力，提高学生的学习质量；另一方面可以有效地提高学生的综合英语素养，帮助他们树立正确的人生观和道德观。长期以来，受应试教育的影响，大学英语教学过分强调学生的考试成绩和应试训练，严重制约了学生英语综合素质的全面提高，这不利于学生的长远发展。在大学英语教学中，培养和渗透学生的核心素养，有利于学生的全面发展和进步，促进大学英语教学水平的提高，有利于促进教育现代化的发展和实施。

目前，世界各国教育的重心已从增长知识转向培养学生的能力和素质。核心能力正是在这种形势下提出的，并引发了一场新的革命。课程改革的基础是培养学生的核心能力。为了更好地培养学生的核心能力，众多学者进行了一系列的研究。

在全面深化改革之后，核心竞争力真正成为中国关注的焦点，2014年3月发布了“寓教于乐”的观点。此后，教育部高度重视核心能力建设，培养核心能力已成为我国基础教育的总目标。几十年来，中国一直在倡导素质教育，以取代早期的应试教育。然而，随着教育改革的推进，素质教育也逐渐偏离了轨道。朱红旗教授认为，当前大学教育中存在的问题是学生的整体发展不尽如人意，片面发展严重，可持续发展能力相对较弱。因此，随着国际政治、经济的快速发展，学校教育不应该只把知识传授给学生，而应该培养具有一定能力的学生，使他们能够适应未来社会的发展。

陈春勇在他的研究中认为，大学英语教学主要侧重于基础语言，忽视了对学生知识和解决问题能力、跨文化意识和创造性思维品质的培养。学生对英语学习兴趣不高，是由于课堂教学内容与学生日常生活联系不紧密，他们的学习效率相对较低。苏定芳指出，我国过度依赖应试教育，在评价学生的学习成绩和考试成绩时，考试是主要的方式。另外，英语教师注重培养学生的读写能力，而忽视了学生的阅读能力。培养学生的口语能力不能只是为了考试，更应该有利于培养学生的英语核心能力。

虽然教育部颁布了一些课程标准，注重英语核心能力的培养，但对于大多数大学教师来说，这是一个很新的概念，更别说是学生了。从文献综述来看，对大学生英语核心能力的实证研究还不够充分，英语核心能力也没有得到足够的重视，以往对英语核心能力的研究主要停留在理论层面。针对大学英语教学中存在的问题，缺乏足够的实践研究，英语核心能力得不到有效的提高。事实上，在新课程改革过程中，许多学校对英语核心能力的概念并不明确。此外，在教学过程中，大多数英语教师并没有采取有效措施来解决英语核心能力的问题。因此，为了给英语教师提供更具建设性的建议，开展英语核心能力研究迫在眉睫。

目前，世界上许多国家都已将核心竞争力纳入本国课程体系。英语是世界上使用最广泛的语言，它在世界交流与合作中发挥着重要作用。然而，在传统文化的影响下，英语的工具性特点被夸大了。大多数人认为，英语只是一种交流的工具，它不需要像其他学科那样培养学生的情感和能力。当然，这个想法是不正确的。英语作为一门语言，不仅要承担交际的任务，更要担负起传承政治、经济，培养学生思维能力的重任。因此，结合英语核心能力课程构建新的英语核心能力体系迫在眉睫。

吸收和借鉴国内外英语学科核心能力，结合实施要求，在进行相应的英语课程教育过程中，使学生逐步形成和提高必要的素质和关键能力，以满足个人终身学习和社会发展的需要。具体来说，英语核心能力由四部分组成：语言能力、文化意识、思维品质和学习能力。

在课堂实施过程中，要确保教学的知识目标、能力目标和情感目标的实现。引导学生反复阅读课文、分析课文，进而理解课文，最终提高阅读理解能力。英语学习的过程可以分为三个步骤：获取信息、应用实践和传授创新。这三个步骤是由外到内、由易到难，循序渐进的。如果没有进行实践，进步和创新就是空谈。因此，在教学过程中，首先要丰富学生的语言基础知识，使实践成为可能，最终实现创新能力的培养。事实上，英语学习的过程也是一个不断理解、内化知识的过程，要逐步培养学生的深层次思维和语言表达能力。

一、培养英语学科能力

英语学科能力是培养核心素养的关键，没有英语学科能力，应用实践能力和创新迁移能力就无从谈起。而应用实践能力和创新迁移能力是学生必备的关键能力，也是英语学科的教学重点。学习理解能力是发展英语学科能力的基础，实践应用层面和创新迁移层面的能力培养是提升学生英语水平、推动学生语言综合运用能力的反作用力。

二、提高学生的核心素养

学生的核心素养和学科能力不是自然而然地成正比的。一些学生的学科能力很强，但核心素养却不尽如人意。在教学过程中要改变高分低能的现象，有的学生学习理解能力比较强，但应用实践能力和迁移创新能力相对较弱。在课堂中，教师不仅要强调识记能力，更要创设一定的情景供学生正迁移，也就是知识的运用和创造。在教学过程中，要跳出文本读文本，挖掘课文的文化背景和文化内涵，从而提高学生的核心素养，达到学科育人的目的。

核心素养的基础是素质教育，强调道德与人才并重。这种价值观是正确的。因此，广大教育工作者应根据课程计划和课程标准，有意识、有针对性地发展学生的核心素养体系。学生核心素养的培养正在进行并将继续进行下去。如今，教育领域取得了重大突破。这种突破不仅体现在制度上，还体现在理论上。与过去相比，教育进入了一个新的阶段，即素质教育阶段。思想的进步使人们认识到，成就不是评价人的唯一标准。学科教学的主要目的不应是提高学生的学习成绩，而应是注重培养学生的核心素养。素质教育的步伐在加快，势不可当。

越来越多的教育工作者接受了新的教育理念，成为素质教育的实践者。专职教师把素质教育的具体要求落到实处，投入时间和精力，培养学生的核心素质。在那之后，学生发生了可喜的变化。学生在实际学习过程中接受了老师的有效渗透，久而久之，就具有了综合能力。学生具备了这种能力，就会在生活中体现科学精神、审美情趣等，并对生活起到积极的作用。培养和提升学生的核心素养，对于个体来说是非常重要的，它会影响学生的生活。学生的核心素养不仅体现在语言表达和读写两方面。在教学过程中，教学的核心是在教与学的过程中付出更多的努力。自我效能感使教师运用教学方法不断促进核心素养的培养和提高，形成良性循环。这样，学生的英语学习就会有质的变化。从核心素养的角度来看，在大学开展英语阅读课堂教学是一项具有现实意义的必要工作，需要教师高度重视。

三、加强语言文化意识

要想研究整个问题，就必须明确加强语言文化意识，培养英语核心素养对于教学来说具有重要意义。加强语言文化意识、培养英语核心素养是非常重要、必要和合理的，因为英语核心素养决定着学生对英语的理解，影响着他们运用英语的能力。学生学习英语的主要目的不是为了应付考试，而是为了将英语知识运用到实际中来，教师必须改进教学内容，创新教学方法，转变教学观念，扩大教学范围，拓宽教学视野，选择教学角度，结合教学技巧和教学手段，不断培养学生的英语核心素养。

在培养学生英语核心素养的过程中，要加强语言文化意识。语言文化意识作为英语核心素养的重要组成部分，是英语教师必须关注的问题。在教学实践过程中，英语教师应转变文化意识教育的基本理念，注重语言技能的培养，挖掘课内外的文化教育素材，发挥课堂教学的主体作用和英语文化实践活动的熏陶作用，培养学生的跨文化意识。结合学生的具体情况，来培养学生的语言文化意识，教师要准备好相关的课程内容，采取有效的策略方法，提高学生的英语核心素养。

第三节　传统英语教学中存在的问题

传统的英语教学重在传授英语听、说、读、写四项技能。在我国英语教学方法的研究和实践中，20 世纪从印度引入的交际教学法受到了人们的极大关注。交际教学法为学生提供了通过课堂活动运用英语达到交际目的的机会。换句话说，学生通过课堂上的一系列交际活动来训练语言的使用。PPP（Presentation，Practice and Production）是一种传统的英语教学方法。具有代表性的PPP教学法首先由教师介绍一个新的语言教学方案，然后通过有目的的练习（如发音练习、重复练习、阅读对话等），让学生掌握所学知识，最后学生用更有意义的方式去扩展他们的知识，比如，排练戏剧或模拟面试等。PPP教学法与“五步教学法”相似。传统的英语教学方法主要为教学法、讨论法、演示法、阅读指导法、作业法、角色扮演等。其中，PPP教学法是传统教学法中最重要的一种，而改进的语法翻译法是最常见的一种。

传统的英语应试教学模式实际上鼓励直接学习和记忆语言形式。这主要体现在学生在掌握语法规则后，仍然过分强调逐句分析课文，强调在考试中对语法规则、特殊词汇及其用法的记忆。可以发现，这种方法很难提供一种促进语言形式与语言内容相结合的机制。同时，这种英语教学模式必然会挤压学习、记忆和练习语言内容的时间，导致语言形式成为一种空洞的教条形式，使其失去练习语言内容的机会。这样，当学习者在实践中使用语言形式来处理语言内容或思想时，不可避免地会难以适应。同时，如果是没有内容的语言形式，大脑很难长时间记忆。因此总是在遗忘和记忆、记忆和遗忘之间交替。要改变这种状况，就需要把语言的内容和形式结合起来，记住相当数量的语言内容，并逐步将语言内容进行自由使用。这就需要合适的语言环境。

一、教学目标不合理

课堂教学目标是课堂教学的灵魂和核心，是英语的核心价值所在，是英语教学的出发点和落脚点，也是整个课堂教学设计的核心。教学目标指导和制约着整个教学活动，决定着整个课堂教学活动的方向和课堂教学的操作流程，也直接关系着课堂教学的效果和学生的发展。教学实践证明，如果教师在课程开始时，以导言组织或是内容概要的方式展开，确立学生的学习方向，有效引导学生进入学习状态，学生就能随时保持高度的学习方向感，就能有效地提高学习效率。因此，科学合理地设计教学目标，在英语课堂教学中具有重要作用。但是，目前的大学英语教学目标设计还存在一些问题。

根据大学英语课程标准，要充分发挥教学目标的导向和激励功能，着眼于学生英语素养的提高，促进学生的全面发展。大学英语课堂教学目标是对大学英语课程目标的具体化和情境化，它既应该体现英语课程的总体目标，又应该能适应教材的特点、学生的具体学情和教师的教学个性。这就要求教师在制定教学目标时要全盘谋划，教师、教材和学生统筹兼顾，既要制定以感知为基础的认知目标，又要制定以能力训练为主的技能目标，同时还应制定学生的内在情感态度与价值观目标，并把各方面的教学目标有机融合在一起，使之一体化。但在传统的大学英语教学中，教师制定的教学目标往往不全面、不到位，偏重“知识与能力”训练，忽视“过程与方法”“情感态度与价值观”目标，导致教学目标单一、不合理。

教学目标是教学活动的重要因素之一，是教学的指挥棒。教学活动的预期结果受教学目标的制约，整个教学过程围绕教学目标展开。教学目标正确、合理，教学效果则有效，否则教学效果无效。因此，在大学英语教学中，教师应以新课程理念为指导，在设计教学目标时，既要注重学生的英语知识和技能目标，也要关注学生学习英语知识的过程与方法，使学生养成正确的英语学习观念和学习习惯，促进学生的全面发展。

二、教学方法不当

经过调查大学英语课堂教学活动，笔者发现，传统的教学活动仍然突出的是教师的教，学生依然是跟在教师后面走。教师按照预设好的方案实施教学，提出问题以后引导学生沿着自己的思路走，从而得到自己预期的答案，整个课堂的互动很生硬。这种保守的教学方法缺乏开放性，抑制了课堂的生成性和学生的创造性。在大学英语教学中，教师经常采用的一种教学方法是讲授法。讲授法是以讲授为主要活动的教学方法。教师可以运用讲授法在短时间内，将大量纷繁复杂的英语知识简洁而又系统地传授给学生。教师可以根据学生的具体学情做出调整和变化，灵活地运用讲授法，提高课堂教学效果。但是很多英语教师对讲授法运用不当，使传统的大学英语教学成了传输式教学。

传输式教学使教学活动教条化、单调枯燥。传输式教学形式陈旧，以教师的讲为主，不符合新课程标准的要求。大学英语新课程标准强调，尊重学生的主体地位，实现师生角色的转换，使学生自主探究知识。大学英语课堂不应单纯追求考试成绩，而应使学生在智力、能力和情感态度等方面获得全面发展。传输式教学枯燥乏味，使学生丧失了学习英语的兴趣，打消了学生学习的积极性。传输式教学方式主要是以教师的教为主，学生扮演的基本是听众的角色。在课堂上师生的互动很少，学生的参与度非常低，忽略了学生作为学习主体的作用，不能充分发挥学生的主观能动性。学生的参与度低，学习的热情和兴趣必然不高。除了传输式教学，英语教师很少采用别的教学方法，这导致教学活动单调枯燥，不能充分吸引学生的注意力，使学生失去了学习英语的积极性。即使教师在教学中运用了新型的教学方法，也大多是蜻蜓点水、一带而过。陈旧单一的传统教学方式枯燥乏味，阻碍了学生的全面发展。

在新课程大力倡导自主建构知识的情况下，过去以教师单向传授知识为主的教学方式已经不符合现代英语教育的要求。新课程提倡让学生自主合作探究英语知识，从而实现建构知识的教学方式。教师必须重新认识和理解新课程，认识到新课程要求的教学活动是师生平等互动和共同学习的过程。学生是整个教学活动的主体，教师应转变教学方式，引导学生主动探索研究，通过教学方式的变革带动学生学习方式的改变。在教学实践中，教师要营造开放式的英语教学环境，激发学生学习英语新课程的兴趣，引导学生主动探究，使学生养成自主建构知识的习惯。当然，新的教学方法与传统教学方法并不是完全对立的关系，英语新课程的实施并不意味着对传统的讲授式教学方式的完全否定。对于一些逻辑性较强和难度较大的知识点，教师可以采用讲授式为主的教学方式。但是在教学时，教师必须把握好讲授的程度，杜绝整堂课都在给学生传输知识。教师在教学方式的选择上要因材施教，灵活运用各种教学方式，不断提高英语课堂的教学效果。

三、教学模式陈旧

随着大学英语新课程的不断深入和发展，以学生的发展为本成为教学活动的中心。在满足学生不同的英语学习需要等理念的指导下，各种培养学生自学能力和探究能力的教学模式应运而生，英语教学模式也呈现多样化的趋势。但是受中考模式的影响和约束，传统的英语教学仍以“讲解—接受”的教学模式为主。这种教学模式以教师的“教”为中心，忽略了学生的“学”，使英语课堂形成“复习旧知识—导入新知识—组织新课—课堂小结—布置作业”的固定模式。

在这一教学过程中，教师侧重的是将知识介绍给学生，很少考虑到学生应以何种方式学习更有效。一节课下来，教师讲得滔滔不绝，学生能够参与活动的机会很少，发言的机会也很少，课堂氛围也不活跃。教师在教学设计中没有设计有趣的师生互动活动，难以提高学生的注意力，不能有效地激发学生的学习兴趣。学生注意力不集中，就导致教学效率很低，学生的学习效果也不理想。

一堂有深远意义的英语课应该是能给学生以思考和启发，让他们在探究的过程中真正学到学习的方式，学到解决问题的办法，而不只是掌握应付考试的知识与考试技巧。传统课堂有限的教学与交流时间限制了师生的深入交流，教师不能深入地了解学生的个性需求，对学生在英语学习中遇到的问题没有及时进行差异化辅导。在这种传统的教学模式的长期影响下，就会形成一种接受式学习模式，导致学生缺乏积极思考的能力，不利于培养学生的创造性思维。

所以，英语教师在了解英语新课程理念和有效教学思想的基础上，运用新理念、新思想，改变传统的教学模式，在课堂上以学生为中心，充分调动学生的积极主动性，充分发挥学生的主观能动性，以练习、活动、实践为主，将学生学到的语言知识转化成语言能力。这样才能完成新英语课程标准中的教学目标，实现有效的教学。

四、学生缺乏学习的自主性

在以往的大学英语课堂中，教师固守传统的教学理念和教学思路，采用“满堂灌”的教学方法，唯恐学生学不会，把知识揉烂了、掰碎了再教给学生，学生只需要按照教师的讲解进行记忆和背诵就可以，这造成学生的学习过程非常被动，严重缺乏学习的自主性。英语课堂以英语教师为中心，教师占据了整节课堂，学生自主思考的时间所剩无几，这严重阻碍了学生自我学习能力的发展。包办式的教育会导致学生对教师的依赖程度越来越高，进而导致学生出现不善思考、缺乏创新、因循守旧的情况，对学生未来的成长和发展具有十分消极的影响。

中国有句古话，师傅领进门，修行在个人。这句话告诉我们，课堂上的学习者不应该是被动的学习者。在传统的以教师为中心的课堂教学模式中，教师通常在整个课堂教学中占据主导地位，而忽视了学习者的主动性。现在要强调学习者的主动性，教师的作用仅仅是以学习者为中心的教学模式的指导。

事实上，教师和学习者在教与学中的作用是非常重要的，因为教与学在互动过程中是相互依存的。学习者在学习中处于主导地位，教师应促进学习者的学习。更重要的是，所有成功的教学都有赖于学习者的学习。如果学习者在自主学习，那么教师进行教学指导就可以了。这就是为什么这么多的研究表明，教师应该更多地关注如何促进学生进行自主学习。相关学者认为，教师的角色不仅是传授知识，而且是帮助学生成长和对自己的学习负责；教师的作用是在理解学习者的学习观的基础上使学习者意识到自己的潜力。从这一点上讲，教师要有责任感，既能传授学习者知识和技能，又能促进学习者的自主学习。20 世纪 60 年代提倡自主学习，20 世纪 80 年代发展自主学习成为共识。20 世纪 90 年代末，自主学习被认为是语言教学的前提。目前，以学习者为中心的教学理念已被广泛接受。因此，教师需要转变角色，激活和促进学习者的学习自主性。教师不仅要注意如何教，还要注意促进学习者的学习。

为了适应时代发展的要求，近几十年来，许多国家和地区逐渐把自主学习作为学生的核心素质之一。相关测试及调查显示，我国大学生的学习自主性还处于较低水平。分析认为，在造成这种情况的诸多因素中，对学生学习自主性缺乏理论解读以及实践训练的缺失是重要的原因。

纵观国内外相关的教学理念和自主学习模式，可以从三方面培养学生学习的自主性：

（1）教学目标应包括自主学习的情感、认知和行为，激发学习动机，使学生从被动学习向主动学习转变。

（2）教学主体的作用更加明确，确定了学生的学习主体地位，协调了教学主体之间的自主关系。

（3）教学评价要客观公正，要了解学生的实际情况，通过激励性评价来鼓励学生自主学习。

总之，培养学生的学习自主性应以转变教学方法为主要突破口，这需要从以下几方面努力：一方面，要彻底转变教师观念。另一方面，改变课堂是“我告诉你听”的观念，树立教学是教师引导学生独立规划人生的观念。在教学过程中，教师应给予学生更多的自主学习机会。这样，学生就有了更多的权利和责任。权利给人自由，责任使人前进。学生只有逐步明确自己的责任和权利，才能真正成为自主学习和管理的主人。同时，教师要转变学生不能自主学习的观念，摒弃“学困生”的借口，拒绝各种教改借口。一是深化自主与合作相结合。要使学生的学习自主性从个体自主发展到个体—群体的结合，就必须要进行自主与合作相结合的教学。自主学习的目的是充分发挥学生的自主性，在能力范围内掌握知识。二是通过自学发现自己的问题并思考，逐步掌握他们在后续合作学习中的疑虑和教师的疑虑。自主学习不是“你想怎么学”，教师对“什么是自学，怎么自学，自学应该怎么做”应该有明确的指导。合作学习不仅可以培养学生的个体自主性，而且可以增强群体的自主性。

事实证明，强调合作的学习目标通常优于个人主义和竞争。对每一个学科和年级来说都是如此，应引导学生改变学习方法，让学生从学习型学习向自主性学习转变。因此，在教学过程中，教师要经常培养和规范学生，把经常性的训练和课堂上的即时性训练结合起来。实践表明，学生缺乏自主学习的经验和训练，在自学之初通常缺乏自主学习的策略，好不容易有自学的机会却不知道如何去做。因此，教师应继续培养学生的自主学习策略，提高学生的自主学习能力。

五、片面追求考试成绩

在传统大学英语教学中存在的问题还有片面追求学生的考试成绩，忽视了学生的素质培养。在课堂上，老师教给学生的是知识和技能以及应付考试的技巧。这种教学方式缺乏对学生其他素质的培养和塑造，容易导致学生的畸形发展。在长期的应试教育影响下，大学英语重知识轻能力、重技能轻素质的教学，阻碍了学生的健康成长。教育部为减轻中小学生繁重的课业负担采取了许多措施，但片面追求入学率的不良倾向多年来没有得到根本扭转。造成学生课业负担过重的主要原因是部分家长、学校片面追求升学率的思想根深蒂固。与孩子个性的全面发展相比，家长更注重孩子能否考上好学校，学校则关心能录取多少学生、哪个学生成绩好。“应试教育”是旧的、落后的社会教育观念和就业观念在学校教育中的反映。它导致重复培训大量低效甚至无效的劳动，阻碍了学生全面发展，成为全面实施素质教育的最大“障碍”。

对学生集中进行灌、练、训、测等手段，在一些大学，封闭式的管理正好为这些手段的实施提供了条件。为了提高升学率，更准确地说是为了增加升入重点大学的人数，学校通常不惜违背学生身心发展特点和教育规律，把学生变为学习、考试的“机器”。再有就是题海战术。平时，学生除了正常做的课本作业、练习册、单元测试题外，老师还要求学生必须购买各门应试科目的辅导资料和老师自制的试题进行苦练。

学校是培养人才的地方。学生的进步和变化无疑会成为衡量学校教育质量的首要、最直接、最重要的指标。然而，说到学生的进步和变化，应该更强调学生的成长，而不是学生的成绩。学校应该对学生的终身发展负责，学校应该是学生成长和发展的地方，教育工作者应该时刻关注学生的成长和发展。然而，入学率是众多学校关注的一个重要指标。片面追求入学率，使得学校和社会都关注少数“尖子生”。能被重点大学录取、为学校带来荣誉的聪明优秀的学生成为争抢的对象，而那些学习上的“学困生”则成为一些学校不愿接受的人群。这就违背了教育公平的原则。

片面追求考试成绩，危害极大。教育的基本任务是教育人，特别是帮助大学生成为有用的人。学校不仅要看学生的考试成绩，还要考虑学生的全面综合素质培养。然而，在片面追求升学率的导向下，许多学校忽视素质教育，听命于考试。学生的合理愿望得不到尊重，人格得不到发展，实践能力被忽视，创新精神受到抑制。这难道不应该引起关注和反思吗？素质教育应因人而异，我们应该找到正确的起点，而不是单方面追求入学率。

“素质教育”是一个概念，但没有固定的模式。因此，在实施教育的过程中，必须根据不同的情况找到突破口，因材施教，取长补短。同时，实施素质教育需要全社会特别是家长的理解和支持。家长和社会对人才的观念、对教育功能和目标的理解、对学校的评价标准等都对素质教育实施有重要影响。

六、学生缺乏英语学习的兴趣

在大学英语课堂上，很多教师不注重运用灵活的教学思路和方法，课堂教学内容枯燥乏味、缺乏乐趣，一味地要求学生死记硬背，不重视学生学习兴趣的培养，学生学习的动力和热情不足。另外，从以前大学的英语教学情况来看，很多大学英语教师都将主要精力放在了知识的传授和技能的培养方面，忽视了对学生学习兴趣的培养，导致学生虽然掌握了丰富的英语理论知识，但是英语应用能力却普遍较弱。英语已从一种工具变为一种思想、一种知识库。然而由于各种原因，部分大学生会出现学习英语方面的困难，这源于学习兴趣动力不足。为提高英语教学效果，仅仅抓教学成绩是远远不够的，教师要善于运用学习动机中的兴趣策略，激发学生的内在驱动力，使学生进行有效的学习行动。

学生缺乏对英语学习的兴趣，有以下几方面的原因：

（一）不协调的师生关系

师生关系对学生的学习兴趣影响很大。师生关系若长期处于不协调的状态，教师越教越适得其反、越遏制学生的学习兴趣，学生也越来越不爱学习英语。目前，大学学校师生间情感联系出现厚此薄彼、互不信任、关系冷漠、缺乏交流等现象不在少数，尤其是学习上的“学困生”与教师间的心灵沟通难以真正实现。师生之间无法建立积极的情感关系，也缺乏个性的全面交流和沟通，这样会严重地影响学生的英语学习兴趣。

英语教师要善于从多个角度深入了解学生，构建和谐的师生关系。无论是在课堂内外，教师都能主动叫出学生的姓名会让学生感受到老师的关心；课间，教师与个别学生交谈或与学生团体沟通会增强师生间的感情；教师对学生的爱好、课余生活等表现出兴趣会增进师生的友情；留意英语学习中的“学困生”，对他们的微小进步要及时给予恰当的正面评价也会增强学生对教师的信任感。及时与家长交流，了解学生的生活方式和环境会加深师生间的理解；也可以尝试用QQ、微信、电子邮件等新颖的方式与学生交流，缩短师生间的距离等。

学生在英语学习过程中，总会遇到各类问题。为此，教师要深入分析产生这些问题的原因，理智地看待和处理这些问题，并用宽容之心发现学生的可爱之处。纠错是学习中必不可少的环节，过于频繁的纠错会让学生缺乏自信，产生挫败感，甚至会出现抵触情绪。但不及时纠错又会阻碍英语学习的准确性，于是何时纠错、怎样纠错便成为一个值得考虑的问题。教师可以尝试利用手势、表情等方式暗示错误之处，让学生自觉纠正。

（二）认识偏差

在倡导以市场为导向、注重经济利益的社会现状面前，有的学生学习英语的价值偏离了学习价值的整个体系，偏向以金钱为主要衡量指标的经济价值，学习的精神价值日益缺失；有的学生认识出现偏差，片面认为学英语没有用，对英语不感兴趣；有的学生认为只要考个好成绩就可以了。然而，对学生个人而言，学习并非意味着机械地记住书本上的知识，获得好的卷面成绩或证书，而是意味着学生在学习的过程中能够感受到自我超越、自我成功的乐趣，体验到学习带来的幸福与快乐，在发现、领会学习的精神价值中热切地感受到生命的意义、人生的追求及对未来的无限希望。

（三）学生心理负担较重

当前学生学习无非是课堂、作业、资料、考试，其目的是考个高分上重点学校，尽管学校对学生的评价方式各有不同，但是，最终评定学生的一项重要标准还是学生的考试分数，以分数论英雄、以分数论成败的应试教育令人担忧，分数作为唯一的评价准绳，容易使学生忽视自身素质的提高和学习兴趣的培养。尤其是对于“学困生”，有时英语成绩考得不好，会被老师批评或者被同学嘲笑，会产生严重的心理负担，认为自己很笨，学不好英语，造成英语学习兴趣不高。

激励使人奋进，用表扬的方式激励学生学习英语更适合学生的年龄特征。教师看似平凡的一句话、一个微笑、一个点头致意等都有可能对学生产生影响、使学生产生学习兴趣。因此，在大学英语教学中我们要留心观察，发现学生的每一个优点、每一点进步，及时给予肯定、表扬和鼓励，尤其要随时留意“学困生”，他们也是班级的一分子。教师在课堂上要时刻注意每一位学生，不厌其烦地用一些语调优美的鼓励性口语，让学生感到亲切友好，进而产生更深的英语学习的兴趣。

（四）不能区别对待男女生学习英语的差异性

一些研究发现，学习语言是女孩的优势。女生通常被要求表现出服从权威，因此更容易认同英语学习的价值。在学习英语方面，女生更愿意把精力投入单调的学习任务中，而男生更愿意接受学习的挑战和感受学习的乐趣。如果我们的英语教学不能为男生提供适当的挑战和有趣的探索性任务，那么男生的内在学习动机就会减弱，男生对英语学习的期望值就会相对降低。所以，男生更容易依赖外部动机来学习。

在教学中，教师经常表现出对男生的高度控制。如果教师对男生的学习行为表现出更多的控制，男生就会对英语学习越来越失去兴趣，学习英语的动机会越来越低，男女生内在动机和外在动机的差异表明，我们应该根据他们的不同特点采取不同的教学方法，如对男生的英语学习表现出更多的欣赏，对男生英语学习表现出适当的期望，减少控制，从而培养男生的内在动机。

还有一些老师认为学生厌烦学英语，对英语不感兴趣有以下几方面的原因：第一，对英语不感兴趣。第二，英语基础薄弱。老师上课“就高不就低”，“学困生”听不懂，干脆就放弃学习英语。第三，课堂教学枯燥乏味。大多数课堂，或由于教师的意识或局限于学生的语言水平，不能真正实现以学生为中心的兴趣教学。第四，“学困生”被老师关注机会不多。教师更加关注善于学习的学生，调动他们的积极性，对“学困生”缺乏重视。由于“学困生”缺乏自信，产生了“我做不到，我学不好英语”的消极心理。第五，“学困生”心理压力很大。由于这些原因，学生的成绩分化明显，英语学习好的学生取得好成绩的内在动力进一步增强，他们对自己充满信心，努力学习，并树立新的目标。“学困生”已进入英语学习的“极限期”，表现出明显的挫折感，继而转移兴趣，学习动机越来越。

总之，学习兴趣不是先天就有的，是在后天的学习活动中逐步形成的，学习并非机械地记住书本上的知识，获得好的卷面成绩，而是学习者在学习的过程中能够感受到自我超越、自我成功的乐趣，体验到学习带来的幸福与快乐，在发现、领会学习的精神价值中热切地感受到生命的意义、人生的追求以及对未来的无限希望。

七、大学生英语学习动机不足因素分析

探讨影响大学生英语学习动机的因素有利于英语学习动机的培养与激发，能更有效地促使学生积极学习。从调查和访谈中可以看出，在我国，影响大学生英语学习动机的因素主要来自英语课堂。因此，影响英语学习动机的主要因素为学习者因素和课堂环境因素。学习者因素主要有学习者的学习兴趣、自我效能、焦虑感和对学习的认识不足等。课堂环境因素主要有教师、学习集体和学习任务等。除了以上主要因素外，还有学校环境、社会环境和家庭环境因素等次要因素。

（一）学习兴趣

秦晓晴、文秋芳认为，学习兴趣、自我效能、认知中介即效价、学习目的和目标定

向对学生的动机行为的直接影响和间接影响最大。从调查结果来看，兴趣占的比例最高，对大学生英语学习动机影响最大。学习动机最现实、最活跃的成分是认识兴趣，称为求知欲。兴趣对人的认识活动是一种内在的动力。蒋祖康指出，英语教学要为学习者提供语言交流的机会，培养学习者语言交流的兴趣，并使学习者体验语言交流成功后的喜悦，由此激发学习者学习英语的“内在兴趣”。如果缺乏这种“内在兴趣”，那么无论是内部动机还是外部动机，都很难有效地发挥积极作用。

在教师接受采访时，他们表示，在英语课堂教学中，教师会遇到与学生学习动机有关的各种问题。比如，有的学生因为害怕失败而拒绝努力学习，有的学生过于焦虑而无法集中精力学习，有的学生潜力明显，但缺乏自信，导致学习停顿，有的学生在课堂上总是难以集中精力。而事实上，教师并没有固定的方法来提高学生的英语学习动机。好奇心是人的本性，兴趣是本能的需要，兴趣与学习动机密切相关。兴趣是学生学习动机的内在动力，是影响学习动机中最活跃、最现实的因素。只有当学生对知识有强烈的兴趣时，才能激发求知欲望，并有积极的态度和动机。对于大学生来说，他们充满了好奇心。要充分了解这一时期学生的心理特点，努力使学生对所学对象有强烈的求知欲，从而吸引他们“知其所知、所近、所得、其乐融融的情感体验”。因此，教师平时要更加注重收集生动有趣、真正贴近英语国家人们生活习惯的语言材料，并将其引入课堂教学，提高学生学习英语的积极性。另外，根据教学内容和教学目标，教师应尽量联系学生的实际生活，为学生创造一个真实的语言学习环境，培养学生在日常生活中使用英语的习惯和学生进行语言交际的意愿，让学生体验成功进行语言交际的乐趣，让学生在快乐、轻松、有趣的环境中学习，提高英语学习的直接兴趣，促进间接兴趣向直接兴趣的转化。同时，鼓励学生多阅读英文报纸杂志，收听英语广播，观看国际频道的英语节目，满足学生通过英语获取知识的愿望。在这种学习状态下，学习动机能大大提高。

要激发和培养学生的兴趣，必须发挥学习者的主动性，让他们自己确定学习目标、选择学习方法等。总而言之，学习者的兴趣是学习动机的重要组成部分，对促进语言学习有积极的影响。

（二）自我效能

自我效能这一概念是由美国心理学家提出的，它是指个人对自己在特定背景中是否有能力去操作行为的期望。英语学习中的自我效能可以理解为学生认为自己是否能够有能力、有效地学好英语。自我效能会影响学生学习英语时采取的行动和付出的努力程度。自我效能感高的学生对自己学英语的信心和能取得的成绩预期高，能选择适合自己能力水平、具有挑战性的学习目标，成功的机会大，学习动机水平也随之提高。而自我效能感低的学生，不敢选择富有挑战性的学习目标，害怕失败，放弃努力，因学习没有积极性而导致学习动机较低，甚至会失去学习英语的动机。

通过访谈和课堂观察来看，很多学生特别是低分组学生认为自己基础差，不管怎么努力都学不好，所以他们对英语学习的态度是既不以掌握知识为目标，也不以取得好成绩为目标，而是以如何敷衍老师、应付老师、打发时间为目标，自我效能感极低，这种学生就处于一种无动机的状态。因此，如何提高学生尤其是成绩不好的学生的自我效能感是英语教育者面临的又一课题。

（三）焦虑感

研究发现，成就感也是影响学生学习动机的重要因素之一，而英语学习焦虑感是成就感的对立面，对学习者的英语学习能产生显著的影响。焦虑是一种一般性的不安、担忧和紧张感，是一种复杂的心理反应，其原因在于害怕失败，担心不能完成任务导致自尊的丧失。学习者焦虑的程度与学习效果成反比，焦虑越少，学习效果越好；反之，效果越差，因而影响学习动机水平的高低。

从访谈中得知，部分同学对英语学习有严重的“焦虑感”，具体表现为在运用英语的过程中由于掌握的词汇量少，遗忘严重，造成听、说、读、写的障碍；对单词的记忆机械，只记中文意思而忽视了以句子为单位的意义记忆，即使学会了单词也不会使用和表达。焦虑学生回答问题和参与课堂活动的自觉性很小或者虽知道英语的重要性或有学好英语的意愿，但不知道该怎样学，没有养成良好的学习习惯，英语学习效率低，害怕考试，平时练习量不够，考试成绩很差。在多次尝试后，仍看不到自己的进步，因而怀疑自己的学习能力，产生自卑、自责的心理，便对英语学习丧失了信心。因此，要提高学生的学习动机，就必须引导学生更积极地学习，增强其自信和成就感，从而降低其焦虑感。

（四）学习目的不明确

学生的认识观直接影响他们做事的责任感。由目标理论可知，目标是引发个体行动的起因并且为个体行动提供方向。

从相关调查中可以看出，认为学习英语是为了今后更好地为国家的富强出力而学英语的人，他们的责任感就强；认为学习英语是为了别人，比如，为了父母、老师而学英语的人，他们就会缺少责任感，这就直接影响着学生学习的态度和动机，责任感越强，学习就越积极、主动，学习动机也就越强。认为学习英语是为了完善自我和提高自己学习能力的人，就会控制自己的语言学习，也就会具有学习英语的动力。而认为自己由于群体态度和压力而不得不学英语的学生，就不会很好地控制自己的语言学习，从而降低或失去学习动机。还有少数学生没有考虑过自己的学习目的，学习态度也不够端正，学习动机不明确，他们通常对英语学习表现出消沉状态，从而严重影响自身的学习和发展，最后造成英语学习动机的丧失，严重影响英语的学习和进步。

（五）课堂学习环境对学生的学习动机影响

课堂学习环境对学生的学习动机有着重要影响，这点在许多英语学习动机理论中都有反映。笔者调查发现，在课堂学习环境中，有许多因素影响着学生的学习动机，影响最大的因素有教师、学习集体和学习任务。

1. 教师对学习动机的影响

教师的素质和对英语的态度是制约语言学习的重要因素之一。教师对语言的掌握，包括听、说、读、写、译等，合理组织课堂能力，决定着课堂效果的成败。课堂效果的成败直接影响着学生的学习动机。对于学习积极性不高的学生，教师应鼓励和帮助学生逐步取得成功，从而提高他们的学习动机。对于求知欲强、主动学习的学生，教师只需要引导他们。同时，教师对课堂的组织也会影响学生的学习动机。“以教师为中心”的教学方法不利于学生学习积极性的提高，“以学生为中心”的教学方法有利于建立和谐密切的师生关系，能够激发学生学习英语的兴趣。更重要的是，教师的教学方法在很大程度上影响着学生的学习动机。

2. 学习集体对学习动机的影响

在课堂学习环境中，学生会受到课堂和活动小组的影响。如果班级或活动小组有着浓厚的学习英语的氛围，那么学生就会有很强的竞争意识，互相支持、互相学习、相处融洽。这样的学习环境可以帮助激发和培养他们的英语学习动机。在英语课堂教学中，学生越来越受到自己活动小组的影响。有研究者从群体有效性和群体目标两方面进行研究，也有学者关注同伴压力的影响，如群体成员安排不当、过度竞争或集体回避任务等，或者教师对小组中个别优秀成员的期望过高，都会影响小组作为学习型群体的学习效率。通过观察，笔者还发现：活动结束后进行总结的学生基本上都是优秀学生。如果小组成员的成绩相差很大，将不利于学生的学习和交流，也会影响他们的学习积极性。

3. 学习任务对学习动机的影响

通过对学生和教师的访谈和课堂观察，我们发现大多数学生的学习动机会随着课堂教学任务的变化而变化，因此学习任务是一个不可忽视的因素。根据期望值理论，不同的学生对学习任务会有不同的期望，做出不同的价值判断，这就决定了个体是否有完成任务的动机，也影响着个体动机的强度和持续时间。在某种程度上，学习任务是学生课堂学习的目标，不同的学习任务导致不同的学习动机。所以，为了提高学生的学习动机，学习任务必须是有价值的、有意义的、富有挑战性的。相反，没有价值、没有意义、缺乏挑战性的学习任务，只会降低学生的积极性。同样，如果任务太难或太容易，就会降低学生的学习动机。一般来说，提倡中等难度，从易到难排列。这样，学生可以体验成功感，培养能力自信，不会因为任务太简单而对任务失去兴趣，也不会因为任务太难而产生挫败感。由此可见，学习任务会直接影响学生对自身能力的信念、努力的意愿和课堂参与的程度，从而对学习动机产生重要影响。

（六）学校环境、社会环境和家庭环境对学习动机的影响

虽然影响学生英语学习动机的因素主要来自英语课堂，但学校环境、社会环境和家庭环境都不容忽视。学校环境，即学校的硬件和软件设施，对学生的学习动机也有一定的影响。从调查中可以看出，不同层次的学生有不同程度的动机。初一年级学校的学生比初二、初三年级学校的学生有更强的英语学习动机。除了为学生的学习和活动提供良好的校园环境外，学校还必须为学生精心安排课程。学校是教学的组织者和实施者，其运行机制和规章制度的合理性与学生是否遵守纪律、认真听讲密切相关。语言存在于社会环境之中，语言与社会的许多方面都是密不可分的。通过调查和访谈，我们知道大学生强烈的外部学习动机是毕业后找一份好工作。这主要是因为社会上很多用人单位对英语，特别是英语水平提出了更高的要求。学生普遍认为，如果他们有好的英语水平，他们就可以找到一个好工作，高一红等人称之为个人发展动机。因为英语是中考和高考的必修课，为了进入理想的大学，学生必须取得好成绩，因此他们有很强的成就动机。不同的社会英语氛围对英语教学和学生英语学习动机有不同的影响，经济发达、对外交流频繁的地区需要大量的英语人才。因此，有很多人讲英语和使用英语。社会中的英语氛围浓厚，形成了一定的语言学习环境，这种迫切需要在很大程度上激发了人们学习英语的热情。相反，如果没有浓厚的社会英语氛围，学生学习英语的积极性就不能得到很好的激发，强烈的英语学习动机就无法产生和保持。

根据费尔斯坦的中介效应理论，儿童的学习自出生时起就受到重要成年人的干扰和影响。对孩子有意义的成年人首先是父母，然后是老师。在儿童发展的社会化过程中，家庭通常被视为最具影响力的驱动力，因此，家庭环境对学生的影响不容忽视。家庭环境包括家庭提供的学习环境和家长对孩子学习的态度。在社会环境中，学生家庭条件不同，贫富差距也很大。随着下岗职工的增加，贫困家庭的比例也在增加。但是，家长还是非常重视孩子的英语学习，为了支持孩子学英语，会购买各种教具或请家教。然而，他们不知道如何为孩子创造一个良好的语言学习环境，也没有真正参与到孩子的学习中来。

根据对老师的采访，他曾经问过父母一个学生逃课的事。谈话的结果是，家长只能保证孩子不再旷课，称其没有时间去关注孩子的学习等其他事情。据老师反映，很多家长忽视对孩子的管教。虽然学生的学习环境主要是学校，但社会环境和家庭环境对学生的影响不可低估。大学生正处于成长期，是其世界观形成的重要时期。因为他们年轻，缺乏经验和自制力，所以他们需要更多来自家长和老师的指导。

八、自主合作探究教学流于形式

有的教师为了赶时髦，每节课都使用自主合作探究的教学方法。不分主次轻重，不管有没有讨论的价值和必要，教师都让学生进行讨论，并且认为一节课内讨论用得越多越好，使教学活动陷入了教学误区。结果就是学生疲于应付，激情有余，内容不足，教学实效欠佳。这样的讨论非常随意，讨论的效果也不理想。在教学中也常看到这种现象，不管所提的问题有没有合作的必要，教师都要求讨论。教师提出一个问题，让学生分组展开讨论，教师的问题还没说完，学生就已经说出了答案，这样的问题就没有讨论的必要。在实际教学过程中，并不是什么问题都需要去讨论。如果什么问题都要讨论，无疑是将讨论形式化，这样既耽误了时间，又没有实际效益。

有的教师设置的问题超出了学生的知识范围，学生看到问题，有种无从下手的感觉。有的教师在学生讨论时缺乏参与意识，一味地放手让学生合作，课堂无序、杂乱，没有什么课堂效益，更谈不上有效的指导。教师应在学生讨论时进行密切观察，适时给予指导。对于学生在讨论中存在的普遍问题，教师应耐心讲解，从而加深学生对英语知识的理解和吸收。

学生参与教学活动的多少和参与的方式方法决定着教学活动是否成功，是否达到预期的教学效果。学生只有积极地参与教学活动，才能吸收课堂上学到的知识，才能把知识转化为自己的财富。

有的教师理念新、思维活跃，尤其是新教师，但教学经验不足，遇到突发情况应对能力欠缺；有的教师一味追求课堂气氛，动不动就让学生讨论，课堂热闹有余，但收效甚微。

九、教学资源利用不恰当

教学资源是为教学活动和学习活动服务的各种资源，它可以促进教学活动有效地开展。教学资源种类繁多，英语课堂上常用的教学资源有教材、教辅材料、课件、多媒体等。多媒体不仅可以展示图片、声音、文字，还能播放视频，能充分调动学生参与教学活动的积极性。多媒体直观、生动、形象的特点深受广大教师和学生的喜爱。但是，在大学英语教学中，教师为了激发学生的学习兴趣，会在不该使用多媒体的时候用多媒体进行教学，导致教学效果不理想。

例如，有的教师在组织学生进行听力练习时播放相应的视频，视频中既有录音，还呈现了人物正在做的事情。这样在播放完视频后，教师的提问就变得毫无意义。因为即使学生没有听懂录音，也知道发生了什么。教师使用的 Flash 动画是非常好的教学资源，其生动形象可以较好地激发学生的兴趣和参与活动的积极性。但是在听力活动中播放视频非常不恰当，视频资料不适合用在听力练习当中，听力练习只播放录音就可以，让学生通过听来获取信息。活动的目的是练习听力，可是视频呈现了画面和动作，学生不需要听就知道了全部细节，资源的运用没有达到练习听力的目的，说明教师对教学资源的利用不合理。

十、教学行为低效

教师的教学行为包括很多种，在这里，笔者主要从语言行为和动作行为两方面进行分析。

（一）语言行为

语言行为一："The answer of the question is faulty.Who can answer the question again?"

教师这样的语言，我们在课堂上经常听到，以至于让我们感觉这是教师处理回答问题不准确的学生的唯一方法。对于这样的语言有待推敲，在这句话中，教师关注的不是学生，不是学生回答问题的思路、已有经验对这个问题产生的制约或促进，而是问题的正确答案。也就是说，教师的教学主旨是获得问题的正确答案。在教学设计阶段，教师已经有了问题的答案，实施阶段就是让学生能够找到这个答案。对问题正确答案的获取，使教师在教学过程中所关注的主要对象不是学生，而是教学任务。

语言行为二："Is he/she right?" "right." "Should he/she get encouragement?" "Yes."（Students clap their hands.）

课堂上教师与学生之间这样一问一答，课堂上这样的互动对课堂气氛有一定烘托作用，但是这样的对话过多，会使教学课堂互动的形式多种多样，有实质性的，也有形式上的；有有效的，也有低效甚至无效的。这样的互动问答连贯，其智慧性的成分寥寥无几，只具有了互动的形式，没有互动的实质性内容。这样的互动虽然在课堂氛围的营造和烘托上有一定的成效，但教学效果不够明显，可以说是一种低效的互动形式。

（二）动作行为

动作行为一：教师右手掌心向下，从左到右，覆盖全班每一名学生。

课堂上这样的师生对话也不少见。教师为了了解学生对问题的理解情况，向全体学生提出这样的问题，而学生的回答总是"听懂了""明白了"，很少有不同的声音，比如，"没听懂""不明白"。通过这样的语言可以看出，现在的课堂教学仍然是以教师讲授为主，学生被动地接受和理解知识。教师按自己的理解，结合学生的思维水平对教学过程中出现的疑难问题进行讲解。教师觉得自己已经把问题讲清楚了，但是学生是否真正清楚了，教师没有十足的把握。

这是教师典型的手势语，表现出教师的强势。教师有意无意地将自己摆在比学生高的位置，忽略了学生作为学习主体的主体性作用。教师虽然做出这样的手势，嘴上却说的是新课改、素质教育。教师的体态语已经体现了他的教育思想，他并没有真正把学生放在平等的位置上，而是认为教师就是教师、学生就是学生。有的教师手势杂乱，让人眼花缭乱。作为非语言的手势语是一种重要的沟通手段，其目的在于强化语言的信息，使非语言和语言相得益彰。手势过于杂乱，传递的信息就会混乱，进而影响学生的注意力，会使学生对教师语言的理解出现问题。

动作行为二：教师在教学过程中自始至终站在讲台上，围绕讲桌转。

教师的这一行走路线突出了教师的讲解特点，这堂课主要以讲授为主。在讲课过程中，教师关注更多的是自己：自己的语言是不是到位，自己的板书是不是工整，甚至以自己为中心，很少有语言或动作关注到学生。一位教师很少在讲台上，而是游走于学生中间，往往意味着教师关注更多的是学生的学习状态、学生参与教学活动的情况。

动作行为三：教师用手指向学生。

有一次听课时，笔者看到这样的场景：教师用手指向某个学生："你，就是你，你来问答这个问题。"这个场景，总觉得让人心里不太舒服，觉得教师这样做是不是少了点什么——少了点对学生的尊重、少了点教师专业的特有品质。每个学生都有名字，教师首先要做到的就是能准确无误地叫出学生的名字，这也是教师应有的专业品质之一。教师在叫出每个学生的姓名时，就已经将这个学生与其他学生区分开了，将这个学生明显的特征凸显出来了，这在一定程度上反映出教师对学生的尊重。

十一、教学评价体系不科学

大学英语新课程缺乏可操作的评价体系，目前关于新课程评价机制的研究还停留在理论研究阶段，以理论层面的构想为主，缺乏具体的、可实施的评价方案。大学英语新课程的实施没有明确的衡量标准和目标导向。虽然新课程改革和素质教育的倡导已经有多年了，但是我国知识本位的价值取向已经根深蒂固，致使对学生评价的主要内容是英语学科知识和技能，忽略了对学生综合语言运用能力、思维创新能力以及情感态度的评价。评价方式主要是教师对学生的单项评价，学生处于被动地位，缺少学生评教师、学生评学生的多元评价方式。在评价内容里，分数的高低、成绩的好坏是对学生进行评价的唯一标准，忽视了对学生学习过程、学习方法、学习兴趣等多方面的评价。在这样的情况下，新课程只能在中考指挥棒的影响下沿着原来的轨道运行，大学英语课程改革就难以顺利实施。从教育部门对学校的评价，到学校对教师的评价，最后到教师对学生的评价，自上而下都是以学生的成绩和升学率作为主要的评价指标。这种一致以学生考试分数为目标的导向，使新课程提倡的多元化评价和发展性评价体系难以建立起来，英语课程改革就难以取得实质性的进展。

在日常教学中，教师对学生在课堂上的表现进行评价时也只关注英语学科知识，评价语言也只是简单的“right、wrong、good”，没有激励学生情感的语言，如 Come on，please! / Well done!/Perfect! 在学期末进行总结评价时，只有考试这一种方法，决定学生好坏的只有分数。在学习过程中，学生的努力、学生高昂的情绪、适合学生的学习方法等在这种评价中是看不到的。英语教学评价方式单一，书面考试是唯一评价学生的方式，这“一把尺子”的标准遏制了学生的个性发展。

英语教师应该按照新英语课程标准的要求，实施多元化的评价方式。一是评价方式多样化，不再把书面考试作为评价学生的唯一方式，可以用口试、日常家庭作业、课后访谈、课外活动、问卷调查等方式评价学生。二是评价结果的呈现多样化，如语言描述、数字表示、象征性图形奖励（红旗、红星、花朵等）等。三是参与评价的对象多样化，如学生自我评价、学生互评和家长对学生的评价等。教师应由原来的只注重结果的评价转变为结果和过程并重，不仅要关注学生获取的知识与能力，还要关注学生获取知识的过程与方法，使学生树立正确的英语学习态度和观念。教学评价的目标也要实现多元化，在对学生进行评价的同时，也要展开对教师的评价，以及学生间的互评。只有构建科学合理的教学评价机制，才能使师生查漏补缺、共同进步，不断提高英语的教学效率。

第二章　新时期核心素养的高校英语教学研究概况

第一节　研究背景

随着互联网技术的发展，互联网对各行各业的影响也在不断地加深，核心素养下的教育教学也发生了诸多的变化。在新时代发展的背景下，随着社会经济的发展，人才需求的不断增加，在教育教学体系中，高校英语教育备受关注，尤其是核心素养下高校英语教学、高校学生英语核心素养的培育更是引发了诸多讨论与热议，成为高校英语教学面临的改革背景之一、高校学生培育中不可或缺的素养之一。在教育改革的背景下，具备核心素养的高校英语课堂成为诸多教师希望打造与创设的教学体系，在核心素养下的高校英语教学中，英语核心素养的培育也成为诸多研究人员的重点探索内容。教育部对普通课程标准的修订在 2017 年顺利完成，此次课程标准根据学科核心素养理念体系制定，在 2018 年秋季正式实行。此次修订进一步明确了普通教育的定位，着力发展核心素养，提高学生的综合素质，使学生具有一定的科学文化素养与终身学习能力，培养学生自主发展能力和沟通合作能力。由此可见，“核心素养”已经成为未来中国教育发展的引领，对帮助学生适应未来社会发展的需求起着至关重要的作用。在教育体系中，核心素养的发展，最终是要培养完整的人，使学生具备核心素质。

在目前的教育体系中，随着物质需求的逐步满足，精神需求不断提升，学生的核心素养要求也受到多方的重视。对于学校而言，英语课堂教学本身就是逐步培养学生英语核心素养的重要方式，也是引导学生探索学习方式、提升实践能力、培养自身英语思维与逻辑能力的重要途径。核心素养下的高校英语课堂正是深入贯彻国家教育政策要求、凸显学生学习主体性的重要方式。

目前，全球已步入知识经济时代。所谓的“知识经济”，就是一个以知识为基础、以脑力劳动为主要生产方式的价值系统和社会形态。在这样的背景下，社会发展的基本特征，通常表现为三方面，具体包括信息化前进、工业化前进、知识化递进。因而，知识产出、知识创新等概念，则成为这一时代备受关注的话题。换言之，中华民族的振兴，在快速崛起的知识经济时代，既具有难以想象的生机和机遇，更面临前所未有的盘诘和挑战。其中，在教育理论与教育实践的共同指向上，对于学校教育而言，无论是教师，还是学生，都需要思考的问题是：学习的本质是什么，人应该怎样学习，以及如何创建有效、快捷的学习环境以促进深层学习，等等。

从现实看，我国传统的知识经济乃至文化产业，总体都是以加工厂为主体。例如，苹果手机的生产，80% 的原材料都是来自世界各地，而美国掌握的是什么呢？是最具有产品附加值的核心技术和知识产权。当下全球经济下行压力巨大，且中美两个最大的经济体贸易波澜不断，这在客观上更加凸显了我国增长方式转型的迫切性和必要性。作为智力资源不丰富、智力资本欠发达的劳动密集型国家，我们自身的知识产权体系或创造发明尚且匮乏。即便有人在大众“双创”与“微创新”的意义上认为，“成功模式是：90% 模仿加 10% 创新，而 90% 创新加 10% 模仿者必死”，但这是一种带有权宜之计、颇有影响的看法，毕竟务实地说：在本土经济社会转型中，我们除了模仿，还要有自己的创新；而创新的前提，就是不仅要有自己的想法和独立的个性，同时更需要有自主学习和看世界的能力，才可能有独立的个性和独到的见解。不仅如此，学生还需要具备一定的逻辑能力、英语思维与学习能力、多方面发展的能力。

不妨说，如果我们真想摆脱仰人鼻息、尾随他人的社会英语语境，走向中华民族的伟大复兴，那就必须要学会如何去思考——在知识经济作用的教育意义上，就要自觉、主动地适应知识观、人才观的变革，以及这一时代对人的智力水平所提出的一系列的普遍要求；在学生教育上，逐步探索提升学生素质与核心素养的有效教育方式，重点突出学生学习主体性与培育学生核心素养的教育观，将核心素养导向作为教育的重要支撑点与前进方向。

“知识经济”也内化为教育本身的英语语境。作为知识经济生产方式的逻辑前提条件和特征，知识的信息化与信息技术的多样化、全球化的发展与普及，如网课、互联网多媒体、报刊等，既为每一位学习化的个人的“自主学习”提供了日益多样的手段和选择，也从生产资料信息化、消费决策智识化以及知识掌握自主化和能力建构综合化等内容、形式上提出了更高的要求。而这本身为核心素养下的高校英语课堂提供了指导意见，具体表现为以下两方面：

第一，从学习内容方面看，在知识经济时代，对于学生而言，最为关键的知识是会学习。在学习化社会中，只有掌握学习能力、具备自主学习品质的人才，才能跟上社会的发展。制度化学校已经不再是一个活到老，学到老的地方，知识和技术都要适时更新，保持终身化学习。从学习方式方面看，知识经济时代的主要教育内容是如何学，即学习方式。学会学习，学会自主发展。关于自能学习的思想，叶圣陶先生也曾指出：“自能读书，不待教师讲；自能作文，不等教师改。”自能读书，突出“自”，说明学生应该是学习的主体，成为教学的对象之一，要发挥主动性。自能读书体现“能”，这要求学生要立足于学习内容，主动开展自主学习，根据自己已有的知识经验进行课前自读自思、课堂自我感悟、课后及时查漏补缺。所以，现代教师不仅肩负传授新知识的重大使命，更应该以学生为中心，把培养学生的学习能力、核心素养放在首位。

第二，从教育原则方面看，知识经济时代，其突出矛盾就是教学观、价值观的革新。摒弃行为主义、以刺激反应模式为先导的思想，在各大教育领域引起了时代性的变革。联合国教科文组织21世纪委员会在1996年发布了报告《学习：内在的财富》，报告中提出了“四个学会”，而第一个提出的便是学会求知，学会求知就是把自己当作认知主体，自主学习。学校开设各类课程，如英语、语文等，表明国家不再处于只重视知识的传授和成绩的好坏的学习模式，而是以学生全面发展、培养学生的核心素养为目标，做到不偏科，全面发展，这对学生能力、核心素养与综合素质的要求越来越高。各大学校，都消除了过去以学科知识为立意命题、过分强调知识的传授、与社会实践脱节等弊端，把新理念建立在传统的学科教学基础上，构建了新的“综合”模式。现在的学校更是以三分书内、七分书外的理念进行教学，更加注重学习自主性、综合性和探究性。这有利于学生从整体的观点来分析问题，揭示了各种教育现象和规律，更有利于学生将知识与生活实践紧密结合。自主学习对学生的要求，是知识信息的占有量和分析解决问题的能力，它要求学生必须学会运用多种形式去分析问题情境和新问题，而这一点不是传统的教学模式所能做到的，这也正是国家教育决策部门如此重视多样化学习的原因，也是培养学生核心素养的基础。

在核心素养下的高校英语课堂教学中，研究高校英语课堂的目的和意义，首先是为了保证英语教育质量。学生要做好课前预习，课上不盲目跟随老师，且运用已有的知识经验，发挥主动性、独立性和积极性，摆脱对老师的依赖，做到主动学而不是老师要我学。

以上共同构成了从教育学术到教育实践的共同语境。在核心素养下的高校英语课堂中，不断培养学生的核心素养与学习能力，相信每个学生都有学习的潜能以及创新精神。

步入21世纪，以知识经济为特征的新时代，其学习方式大致分为三方面：自主学习、合作学习、探究学习。虽然在实践层面，作为具有不同层次结构的开放系统，包括了许多构成方式和维度，但新时代的教育观，简单来说就是使受教育者达到“四个学会”——第一，学会求知；第二，学会处事；第三，学会生存；第四，学会创造。其现实意义，就是要使受教育者、使基础教育学校在校学习的学生，为适应知识经济、创新社会的生存发展和需要打基础、做准备；如果学生在基础教育阶段，没有培养对学习的渴望、对知识的渴求，那么学生将很难形成自主探究求知的习惯，不仅很难在今后的社会生活中立足，而且很难创建“自主创新”型社会。所以，通过对基础学校特定课程学习的探索实践和经验总结，使学生对知识产生浓厚的兴趣，将求知变成一种可持续发展的思维、智识和愿望，这对个人发展、创新型社会建构，均有积极的现实意义。

事实上，英语与其他学科在意识形态层面上存在一致性和教育的共识性，但在教育实践中又存在断裂，特别是分类以及课程目标的实际因素造成的学科隔阂，使学科间存在壁垒无法清除。而时代和社会都急需学生具备学习能力、具备英语核心素养，故而核心素养下的高校英语课堂的打造有重要的价值。

在核心素养下的高校英语课堂中，如何培育学生的英语核心素养具有重要的意义，其主要包含了两方面：一方面是将学生核心素养的培育转化为一种实实在在的行动，逐步渗透到具体的英语教学中，并转变为具体的教学实践过程；另一方面是将学生核心素养的培育过程转化到具体的学科教育中，以此来促进学生学科教育的发展，以学科实践过程引导学生核心素养的培育过程，逐步探索有效的教学策略。中国的教育也已经步入核心素养时代，在此背景下，探索核心素养下的高校英语课堂具有重要的意义，具体包括：第一，有助于探析“双基”下的素质教育；第二，有助于探析“三维目标”下的素质教育；第三，有助于探析素质教育下的英语教育；第四，有助于探析核心素养下的英语教育；第五，有助于探析英语教育的发展与前进方向。

时至今日，核心素养已成为不同教育学科的研究热点。近年来，新一轮的教育课程改革已蓄势待发。然而，如以往的改革一样，教育理念的变革要落实到具体的教学实践过程中并非易事，新事物与旧事物之间需要时间去调整和磨合。同时，在核心素养下，高校英语课堂教学的实施依然存在着一些不足之处。因此，如何使课程教学与时俱进，如何打造核心素养下的高校英语课堂，如何促进高校英语核心素养的创新培养，如何通过提升课程教学的有效性来实现对学生英语学习能力、英语核心素养的培养，是每个英语教师需要思考的问题。就英语教育领域来说，国内虽已有大量的研究，其中不乏高质量的学术论文成果，但在对相关文献进行归类梳理时发现，核心素养下的英语课堂教育，仍有很大的研究空间，本研究在一定程度上可以丰富核心素养下的高校英语课堂教学理论。

第二节　核心素养下高校英语教学的内涵概述

一、素养

随着经济时代的不断变革，研究发现，基本知识与基本技能的练习已经不能完全地适应时代的快速发展。21 世纪以来，许多国际组织和国家都在考虑公民要适应未来的工作与生活应该具备怎样的“素养”。“素养”这一词是在 1997 年经济合作与发展组织开展的为期九年的一个专题研究——“素养的界定与选择：理论和概念基础”中首次提出来的。对于教学而言，所谓素养，具体包含以下几方面：第一，素养的培育需要特定的条件；第二，素养的培育过程需要个体面对生活情境；第三，素养的培育过程是个体能力的提高过程；第四，素养的培育过程是运用能力解决问题的过程；第五，素养是符合教育理念的；第六，素养的培育有助于促进人的综合发展；第七，素养的培育有助于满足社会教育的要求。

二、核心素养

教育中的核心素养，具体指的是居于核心地位的、关键的、重要的素养。核心素养本身具有以下几个特点：第一，从本质上来说，核心素养是归属于素养范围的；第二，核心素养是最为关键的素养；第三，核心素养需要逐步构建总体概念的参照框架；第四，核心素养是从跨学科视角来进行探索的；第五，核心素养的主要学说是 2005 年提出的关键能力说。

对于核心素养而言，关键能力说提出了在知识社会中，学生应该具备的关键能力，具体包括：交互运用社会资源的能力；交互运用文化资源的能力；交互运用技术资源的能力；在异质社群中人际互动的能力；自主行动能力。

对于核心素养的研究，联合国教科文组织在“终身学习”思想的指导下，提出了终身学习的五大支柱，具体包括了以下内容：第一，学会求知；第二，学会做事；第三，学会共处；第四，学会发展；第五，学会改变。与此同时，上述内容也被作为基本素质对所有公民提出。欧盟对于核心素养也提出了自己的理解，在内容上也更加完整。

第三节　核心素养下高校英语教学的价值

一、全面增强学生的英语核心素养

随着社会经济的发展，英语领域逐渐受到重视与支持，在社会领域被广泛接受与推崇。在英语教育领域，英语课堂教学受到了诸多关注，随着高校英语课堂教学地位的逐步提升，英语课堂教学的逐步发展，英语人才的需求也逐步增多。这促进了核心素养下的高校英语课堂的建设与提出，促进了高校英语核心素养的创新培养。在核心素养下的高校英语课堂建设中，人才培养具有重要的意义与价值，从本质上来说，其有助于推动英语课堂教学的发展，有助于促进高校英语课堂教学的完善与提升。全面提升学生的英语核心素养，有助于促进学生的英语思维发展，培育学生的多方面能力，有助于促进其全面发展。推进学生的英语核心素养培育的教学发展；创新学生的英语核心素养培育的教学模式；逐步探索更加有效的教学方式与教学策略，打造核心素养下的高校英语课堂，是促进学生的英语核心素养培育，推动英语课堂教学发展，促进我国英语教育发展与全面进步的关键，也是培育学生综合素质的重要方面。

随着改革开放的推进和英语教育领域的发展，我国的英语课堂教学也有了较快的发展，得到了广泛的共识与制订了发展的计划。在具体的教育实践中，对学生英语核心素养的培育的管理工作得到了大量家长与学生的支持与重视。我国学生的英语核心素养培育工作遵循了英语课堂教学发展的规律，遵循了教育教学的实践路径，以强化英语教学要求为基本的重点，以创新学生的英语核心素养培育为基础，以建设学生的英语核心素养培育体系为依托，打造了以学生的英语核心素养培育为基础的培养体系，促进了核心素养下的高校英语课堂的建设，这已经成了学生的英语核心素养培育的发展方向与全面推进的基础环节。对于我国的英语课堂教学而言，学生的英语核心素养的培育，不仅关乎英语课堂教学本身的发展与进步，也关乎社会上对于英语人才的需求是否可以得到有效的满足。在英语人才大量缺乏的现状下，打造核心素养下的高校英语课堂，不仅是我国英语课堂教学逐步发展、逐步探索、逐步提升的重要方式，也是我国英语教育全面进步、全面发展、全面提升的关键举措，还是社会对于英语人才需求的有效应对方式。正因为如此，学生的英语核心素养培育的教育发展，具有重要的意义与价值。

新时代背景下，随着英语课堂教学形势的发展，英语课堂教学必须与时代发展、与人才的社会需求进行对接，以此来满足英语课堂教学的需求。对于我国的英语课堂教学而言，学生英语核心素养的育人工作已成为我国英语课堂教学与学生、社会之间的纽带，已经逐步成为我国英语课堂教学发展，我国教育大发展、大繁荣的推动力。与此同时，对于社会发展而言，学生的英语核心素养培育需求本身，也赋予了新形势下学生的英语教学管理改革、逐步发展的内涵，并推动了教学管理的发展与强化，体现了学生的英语核心素养培育的重要性。

在核心素养下的高校英语课堂中，人才培养有着独特的培养模式，加强实践育才、创新人才培养，是增强英语课堂教学核心竞争力、提高英语课堂教学质量的关键。加强英语课堂教学中学生实践能力的培养，提升学生核心素养与实践能力培养的定位，实现英语核心素养培育与学生核心素养培育需求的有效对接，形成学生的英语核心素养培育教学改革模式和英语课堂教学特征，体现学生的英语教学的质量规格和培养方向。这是社会发展的需求，也是培育学生英语核心素养的体现。加强对建立科学化核心素养下的高校英语课堂的研究，贯彻《中国教育改革与发展规划纲要》的精神，落实“科学发展观”的要求，提高英语课堂教学质量，是实现英语课堂教学与人才培养需求、教学改革需求的有效对接，具有积极的指导意义。为了适应形势的需要，要与时俱进、开拓创新、积极探索、勇于创新，使核心素养下的高校英语课堂成为学生核心素养培育、教学管理和改革的重心，使之更加合理化、科学化。

二、符合核心素养下高校英语课堂教学标准

英语教育的教育课程标准的课程基本理念指出，现代社会需要充分发挥每个人的主

体性和创造性。因此，在核心素养下的高校英语课堂教学中，为了培育高校学生英语核心素养，教师需要重点关注学生的三方面，具体包括：第一，培养学生的创新能力；第二，重视引导学生掌握方法；第三，引导学生完成创新思维的英语活动转化。因此，在核心素养下的高校英语课堂教学标准中，其针对英语课堂教学提出了具有建设性的意见，总结来说，就是帮助教师引导学生向学习目标发展。

在教育课程标准中，其为核心素养下的高校英语课堂教学提出了一定的指导意见，具体包括了以下内容：第一，需要探索有效的学习方式；第二，需要探索适合身心特征的学习方式；第三，需要探索符合英语学科特点的学习方式；第四，需要引导学生进行自主学习；第五，需要引导学生开展合作学习；第六，需要引导学生开展探究学习；第七，需要引导学生最终学会学习。

正因为如此，在核心素养下的高校英语课堂教学中，学生需要掌握以下能力：第一，英语基础知识；第二，英语实践技能；第三，英语问题处理能力；第四，发展英语逻辑；第五，培育英语思维；第六，提升对英语的综合运用能力。

在核心素养下的高校英语课堂教学中，英语课程标准鼓励学生在信息化环境下，以自主性、合作性与探究性方式学习知识和技能。帮助学生学会检验自己的学习态度、方法与成果，逐渐培养学生自我反思、自我评价的能力，并在教师的指导下，确定自己的发展方向。

三、提升高校学生对英语知识的全面认识

在核心素养下的高校英语课堂教学中，对于学生而言，其增进了自身对英语知识的理解与认知，提升了自身的英语学习能力，促进了自身对多种多样的英语基础知识、英语思维能力的认知与理解，促进了学生英语核心素养的全面进步与发展。对于核心素养下的高校英语课堂教学而言，学生是重点的培养对象与培养个体。对于学生而言，想要英语思维与核心素养，需要注意英语课堂教学的诸多方面，具体包括：第一，课堂教学形式不同；第二，课堂教学风格不同，以此为基础，探索学生的英语核心素养培育的诸多方面；第三，积极认识到不同的英语知识本身对于学生英语学习的促进作用，并以此为基础，探索英语课堂教学的有效措施；第四，认识到英语课堂教学对于培育学生英语核心素养的促进作用。

在社会发展的背景下，英语课堂教学在人才培育中的作用也越来越重要。学生群体正是核心素养培育的主要群体。正因为如此，要想促进学生英语核心素养的发展，就要引导学生夯实英语基础知识，锻炼自身的英语思维，学习全面的英语理论知识。在核心素养下的高校英语课堂教学中，只有有效的英语课堂教学方式，才能对学生起到启发和正确引导的作用。在诸多学校的逐步探索中发现，其从最初建设英语课堂教学以来，对学生已经具有一定的引导作用，通过学习和实践，学生的英语思维有了较快的发展，其

对学生的英语核心素养培育有一定的价值意义，对学生学习丰富的英语素材、掌握全面的英语理论知识具有良好的促进作用。总的来说，核心素养下的高校英语课堂教学有助于增进学生对于英语的认知与理解，对英语的发展、培养更加优秀的英语人才有积极的促进作用。

四、提高英语教学中学生自主学习的价值

21 世纪，知识经济时代的到来，使我们的知识的获得、运用和创新都离不开学习。再加上现在日新月异的知识、信息的爆炸，经济结构的变化，人员职业和岗位频繁变动，使知识成为我们谋生的手段，这更说明了自主学习的重要性。

（一）在学生学习中的价值

“学习”具体表现为对一系列知识、观点、原理、定理或理论以及蕴含于其中的方法论的把握和应用，从而锻炼学习主体自身的思维能力，使学习主体的学习“状态”从被动吸收变为主动追求，而奠定了心理与能力基础。核心素养下的高校英语课堂教学实践对学生的价值意义较为明显。对于学生而言，英语课堂教学的自主学习教学应用有利于激发学生的学习意识，锻炼学生的学习能力，促进学生的成长，激发学生的学习潜力与发展动力，促进学生全方位能力的发展与英语核心素养的提升，并引导学生进行学习能力的迁移发展，促进学生跨学科的融合发展，促进学生综合实践能力的提升。

（二）在教师实践中的价值

在核心素养下的高校英语课堂教学中，自主学习教学实践对于教师而言，是很好的教学实践研究活动，有利于促进教师教学实践的探索发现，促进教师的提升与发展。在核心素养下的高校英语课堂教学实践中，教师通过探索和分析，逐步提升自身的教学能力与水平，收获学生学习能力提升的自豪感与满足感，实现教师的使命与价值，助推英语教育的创新发展，也实现自身教学能力的成长与进步。英语课程标准针对英语教学活动提出了建设性的意见，帮助教师引导学生，向学习目标发展。因此，在教师方面，英语课程标准提出了一些具体的学习活动建议，要求教师引导学生自主而能动地向学习目标发展，且不同地区的教师，可根据实际情况和条件，向学生提出有关自主学习活动的建议，从而使得教师的教学活动也更加具有主动性和创造性，以此夯实核心素养下的高校英语课堂教学的基础。

（三）在英语课堂教学中的价值

在核心素养下的高校英语课堂教学中，自主学习对学生而言是很好的学习实践过程，可以有效地调动学生的学习积极性与热情，引导学生学会学习，培育学生的探究意识与发现问题、解决问题的能力，促进学生自身的发展与成长。在核心素养下的高校英语课

堂教学中，教师首先根据新课标向学生提出要求，然后为学生制定学习目标，这样才能有的放矢地去寻找所需信息，有利于学生对照目标进行自主学习。在核心素养下的高校英语课堂教学过程中，学生在教师创设的情境中主动参与、自主学习。通过积极主动的认知训练，完善自己独特的个性。在互联网时代导向下的高校英语课堂教学中，教师在教学过程中要根据学生的实际情况，结合自身教学经验，从学生学习兴趣和学习积极性两方面做好课堂教学策略，提高课堂教学质量，更好地帮助学生学习、探索、拓展自己的知识面。与此同时，在核心素养下的高校英语课堂教学中，教师要创设学生学习环境，在课堂教学中教导学生学习，让学生可以学会自主学习。所以教师的领导性就在学习活动中体现了出来，一方面，教师强调通过问题来进行学习，把问题看作学习的动力、起点和贯穿学习过程中的主线；另一方面，教师通过学习让学生来生成问题，把学习过程看成发现问题、提出问题、分析问题和解决问题的过程。这里需要特别强调的是问题意识的形成和培养。问题意识是教师引导学生进行学习特别是发现学习、探究学习、研究学习的重要心理因素。

素质教育是当今社会新的教学核心。素质教育是以学生为主体的教育，学生是学习的主人。所以教师要努力培养学生的自主学习意识，引导学生的自主学习过程。传统的英语教学强调的是灌输型教学模式，学生的学习过程较为被动。而自主学习更加注重对学生学习能力的培养，促进学生对知识的自主探索，是学生学习的范例。在教学手段上，教师需要指导学生借助信息化方式，主动开展学习，完成思考，内化知识体系。

（四）促进学生的综合素质培养

在核心素养下的高校英语课堂教学中，英语课堂教学的自主学习教学应用是很好的自主学习教学实践探索，有助于摸索出英语教育的创新实践成果，积累学习教学实践经验，对英语教育的创新发展与改革起到良好的助推作用。与此同时，核心素养下的高校英语课堂应用本身立足于学生的英语核心素养提升，通过对英语核心素养的分析解读，从而达到最有效的效果，是全面促进学生素质培养的教学实践活动，有利于提高学生的英语学习能力、合作学习能力、探究学习能力等，可以为学生的素质培养提供探索经验与推广策略，从而推动英语教育甚至其他学科教学的素质培养策略。学生本就是教学设计的主体，教师采用自主学习教学法，是符合英语课堂教学要求的教学模式，是确保教学效果与教学质量的合理教学模式。对于核心素养下的高校英语课堂教学而言，其本身具有重要的意义与价值。对于诸多学校而言，在英语课堂教学的逐步发展中，其探索了英语课堂教学的方式方法，为我们提供了很好的案例基础。某学校就深入开展了对于英语课堂教学的探索实践与课程体系的建设，在建设过程中虽遇到了诸多困难，但也探索出了英语课堂教学的发展路径，形成了英语课堂教学的课堂体系。

目前，该学校在英语课堂教学建设方面，已经在以下几个环节中有了较快的发展：第一，在英语课堂教学课程设置上有了一定的发展；第二，在设施投入方面有一定的发展；第三，在教师队伍培养方面有了一定的进步；第四，在专业建设方面有了一定的发展；第五，在课程体系建设方面有了一定的发展。

尤其是对高校英语课堂教学的研究，其耗费了诸多心力，并探索了国内外关于学生英语核心素养培育的方式与途径，以此为基础，探索了有效的教学对策。具体来说，其做出了以下努力：第一，应用了国际前沿的英语核心素养的教学方式；第二，引导教学经验走向规范化；第三，引导教学经验走向成熟化。这促进了英语课堂教学的全面发展与逐步提升，取得了较多的、较为实际的、较为有效的教学效果，并展现了英语课堂教学的价值与意义。

五、促进其他学科的教学发展

核心素养下的高校英语课堂教学，为英语课堂教学本身提供了很好的发展模板，有助于其他应用型学科的转型发展。对于核心素养下的高校英语课堂教学而言，在互联网时代导向下的高校英语课堂教学中，其作用主要包括以下内容：第一，促进学校的转型发展；第二，引导英语知识本身向着应用型的角度迈进。但是其也面临着诸多问题，具体包括：第一，一部分学科教学如何转型；第二，如何培养应用型人才；第三，如何探索与英语教学面临转型同样困难的相似学科——物理、化学等的发展路径。对于上述这些学科而言，其都在转型摸索当中，对于人才培养的定位不准确，其相关需求较少。因此，要借鉴核心素养下的高校英语课堂的教学模式，此为基础，探索更加有效的教学路径。

在核心素养下的高校英语课堂教学中，其采取了如下措施，并取得了良好的效果：第一，准确定位学生核心素养培育的需求脉络；第二，找准时机；第三，改变培养思路；第四，发展建设英语教育。

对于核心素养下的高校英语课堂教学而言，需要培养学生的核心素养；满足教育的发展需求；关注学生的英语思维能力的培养；探索教育转型发展要求，夯实教育创新发展的基础。

对于其他学科而言，其可以借鉴核心素养下的高校英语课堂的教学模式，做好以下工作：把握发展脉络；探索人才培养模式；关注教学设置；提升师资建设；开展实践活动；探索应用型转型的核心，促进学科课堂教学建设与学生核心素养的全面发展。

第三章 关于对大学英语教学基础理论的探讨

第一节 大学英语的多元目标

跨文化交际、德育渗透与精英意识是大学英语多元目标的三大主体。跨文化交际重在培养学生的英语技能和综合文化；德育渗透重在提升学生的思想文化境界，培养学生成为符合现代社会主义标准的高素质人才；而精英意识重在培养学生的学习信心和个人价值认同感。三者共为一体，共同推动大学英语教学水平的提升。

一、大学英语的多元目标之学生跨文化交际能力的培养

（一）弘扬传统文化

传统文化的教育内容多为民族文化和民族精神，在现代学术视野下，它其实就是一种更高层次的文化素质教育，即从改善学生的内心思想、状态出发，培养其形成良好的文化素养。所以传统文化教育是培养学生跨文化交际能力的一大法宝，通过培养学生的民族文化自尊心和自信心，达到弘扬中华优秀传统文化的目的。

（二）选择性接受外国文化

随着我国经济、文化的不断发展，与世界各国的经贸和文化交流也日益频繁，英语国家（尤其是美国）作为我们的合作伙伴，与我国的经贸和文化交流频繁，有着共同的利益取向，所以，让学生接受外国文化的熏陶，是夯实其文化底蕴、增强其文化转换能力的重要途径。

（三）实现跨文化交流

学生既能弘扬传统文化，又能接受外国文化，那就能够在中外不同的文化形态之间建立交流渠道，既能把中华优秀传统文化引向世界，扩大我国的文化知名度和影响力，又能把外国先进的文化引入国内，掀起文化新浪潮，从而增强本土文化的包容力，为中外文化的和谐交流与发展做出贡献。

二、大学英语的多元目标之学生德育的渗透

（一）渗透德育的必要性

1. 在大学英语课堂中渗透德育是对现阶段大学英语教学的改革和升级。从传统的大学英语教学来看，教师只是教给学生基础的英语知识和常识，却忽略了学生英语素养和英语精神的培养。渗透德育，以德育内容推动英语素养和英语精神教育，是提升大学英语教学价值的重要途径。

2. 在大学英语课堂中渗透德育是体现学科融合教学作用的必要策略。在大学英语课堂中渗透德育，实际上就是将两者的教育理念、方法和内容合二为一，既能优化课堂教学形式以激发学生的学习兴趣，又能通过学科融合挖掘更多、更好的教育因子。

（二）渗透德育的可行性

首先，大学英语教学内容中含有非常丰富的人文素养教育因子，只要教师能深挖教材内容、广泛收集教辅资料，就能体现大学英语教育的人文教育作用，而德育中的大部分教学内容也是以培养学生的人文素养为主。

其次，在“以人为本”的教育教学理念下，大学英语教学和德育在教学理念、教学方式和教学过程方面都有很高的契合度，所以在大学英语课堂中渗透德育并不会影响两者之间正常的教学过程，二者会以“你中有我，我中有你”的方式共同发展。所以在大学英语课堂中渗透德育也是切实可行的。

三、大学英语的多元目标之学生精英意识的树立

（一）精英意识的概念

通俗地讲，精英是一种外在的“身份象征”，而“精英意识”是一种内在的“精神品质”。对大学生来说，他们位于社会的精英阶层，但从其能力、学识、阅历来说还不算是精英，但他们都拥有“精英意识”的能力和资格，在这种意识的推动下，他们能够以社会精英为榜样，自主、自觉地向社会精英学习和靠拢，从而提升外在能力和内在品质，成为真正的社会精英。

（二）如何树立学生的精英意识

上述提到，精英意识是一种内在的“精神品质”，所以要归为思想教育的范畴。首先，教师要让学生对自己有正确的认识，既不能妄自尊大，也不能妄自菲薄，清醒地认识自己与社会精英的现实差距，找准发展定位并发挥自身优势，从而朝着精英目标不断努力；其次，因为大学生数量越来越多，所以许多大学生都萌生了即使进入社会也无法

出人头地的想法，将成为“精英”当作一个不现实的梦想，对此，教师要让学生树立自己的人生价值，包括自我价值和社会价值，不因为短暂的失意、失败和彷徨而放弃，要坚定地认为自己一定能成为社会精英，从精神层面肯定自己、喜欢自己、坚持自我。

随着新课改的不断推进，提升学生的跨文化交际能力、思想品质和精英意识，是当代大学教育先进性、科学性的主要表现。作为大学英语教师，应以“大学英语”的多元目标为根本，继续提升教学水平，为社会培养更多、更好的高素质人才。

四、高校英语教学模式的现状探究

很多国外的英语教学模式具有多样化的特点，探究的维度也十分广泛，折中主义的观点备受人们的欢迎。在英语教学活动中，从折中的角度出发，为学习者营造多元化的学习氛围。国外教学活动中一般运用的教学模式有课堂讲授型、相互交流型和折中型三种。因为国际化步伐不断加快，高校的英语教学模式也在不断改革创新，逐步朝着开放性、多向性的方向发展。紧接着，教学的环境也出现转变，开始朝着多元化、开放性的方向发展。所以，教师在进行教学模式的选择时要注意教学目标的制定，要通过教学激发学生的学习热情，选择适合学生的教学策略，培养学生树立正确的学习观，能够积极主动地参与到学习中去。当今时代，由于信息技术的飞速发展，高校的英语教师要不断探究教学模式的创新发展，不断促进多元互动教学模式的完善，为学生营造一个具有开放性特点的学习氛围，从而不断提高学生的英语水平。

五、不断完善高校英语多元互动教学模式的对策

高校英语教学中，教师要想充分地运用多元互动教学，就要明确其模式运用所必须具备的条件。以下是完善高校英语教学中的多元互动模式的具体对策：

（一）不断提高教师的素养水平，创新教学观念

高校教师在英语教学活动中充分地运用多元互动这一模式，首先要注意角色的明确，促进教学观念得到创新发展，教师要积极起到教学引导的作用，不断提升自身的素养水平。比如，教师要充分地运用课余时间，积极参加到相关的学习活动中去，进而促进自身教学素养和能力提升，为多元互动教学模式的充分运用奠定良好的基础。除此之外，教师还要以学生的英语水平现状作为基础，进行教学活动的设计。教师的经验不断得到积累，所以教学活动的设计要具有科学性，能够使得学生积极参与到学习中去，不断促进学生的英语能力得到提升。

（二）不断促进硬件的建设工作，为学生提供学习资源

多元互动教学模式相较于其他的教学模式有很大的优点，不但所涉及的范围十分广泛，而且还需要网络的辅助作用。因此，在高校的英语教学活动中充分运用多元互动教学模式，与网络息息相关，需要网络硬件的支持。因此，在网络硬件的运用下，能够促进教学效果得到优化，使学生更好地进行学习。高校要不断完善硬件设施，还要积极地为学生提供丰富的学习资源。教师要站在多个角度进行分析，为学生营造学习氛围，提供具有价值的学习资源，进而提高学生的英语技能，优化学习效果。

（三）要不断加强教师的引导和监督

高校英语教学活动中充分地运用多元互动这一教学模式，作为教师不但要在教学活动中起到引导和监督的作用，同时还要积极地在课下引导学生进行学习。因此教师在进行教学活动的设计时要注意结合学生的实际情况，设计现实中的情景，以激发学生的学习热情，同时借助网络的作用，在课余时间对学生的学习进行监督，从而提高学生的学习效率。

（四）不断健全评价反馈体系

在高校的英语教学活动中，教学评价这一环节至关重要，该环节的进行能够对学生的学习目标和学习效果产生重要的影响。在过去传统的英语教学活动中，一般所采用的评价是结果式评价，主要将重点放在最后的成绩上，忽略学习的过程。这样的评价具有片面性，不能有效地激发学生的学习兴趣。因此，在进行多元化教学中，教师不但要注重结果的评价，同时还要注意对学习过程的评价。对于教学过程的相关资料等进行总结评价，从而提高学生的英语素养，使其英语能力得到发展。

总而言之，在高校的英语教学活动中充分地运用多元互动教学模式，促进并提升教学开放性，促进教师创新发展教学观念，为教师的活动设计做好铺垫，充分地呈现出这一教学模式的优点。除此之外，要想促进学生的英语素养水平得到提高，就要为学生提供丰富的学习资源、设计科学的教学活动，从而提升学生的学习能力。

六、聚焦多元目标，培养学生的英语核心素养

核心素养，简而言之就是为实现人的全面发展，而聚焦多元目标。用核心素养来梳理培养目标，可以纠正重知识、轻能力的教育偏失。要根据各学习阶段学科的特点，制定不同的育人目标、内容目标等来培养学生的核心素养，英语学科也不例外。作为英语教师，可以在平时的英语教学中，运用一些小妙招，培养学生的核心素养，使其具备一定的学习能力及形成完善、健全的人格。

（一）妙招一：课前一分钟，周前小故事，锻炼学生语言能力

英语表演是一种艺术。为了巩固学生所学过的知识，可以采用课前一分钟表演或以讲述周前小故事的方式，让学生进行复习巩固。为了能更逼真地展现情景，可以事先准备充分的教具，如实物、卡片、音乐、玩具和动画短剧等有利于学生表演的东西，使学生融入其中。这样的表演能给学生提供一个有意义的情景，给学生提供进行口语交流的机会，体验语言的感情色彩，还能为学生提供一个自由发挥的空间。学生通过玩、唱、演等活动来激发学英语的兴趣。学生通过一定的语言积累，口语表达能力也得到了锻炼。

（二）妙招二：创设有趣的活动，培养学生学习能力

兴趣学习在学生的学习中是一项很重要的因素，它对学生的学习起着无声的促进作用。在平时的英语教学中，可以通过观察、操作、小组活动、玩游戏等方式激发学生的兴趣，从而培养学生的思维能力、合作意识和勇于探索创新的学习能力，使学生在兴趣的支持下，慢慢学会运用所学知识和方法解决一些简单的实际问题，做到学以致用，并让个人的合作、交流素养得到培养。如教学字母组合读音时，考虑到学生学习起来一定很乏味，如果采用一问一答的告知方式，难以提高学生的学习积极性，无法实现生生互动、师生互动。为了提高学生的兴趣，培养学生的合作素养，可以进行这样的尝试：授课前让学生以小组为单位制作一个字母组合读音大转盘，将搜罗的字母组合写在一张圆形纸上，中间加上一个可以转动的指针，学生快速转动指针，指针指向哪个字母，就迅速说出它的发音。这个有趣的游戏，在课堂上可以玩，在课后也可以玩，这样做对提高字母组合的记忆能达到事半功倍的效果。而在单词教学或句型教学时，同样可以用这种方法来进行授课。如在学习“fruit，food，animal，clothes”等词汇时，直接让学生带一些水果、食物、饮品、小玩具和服装等到学校来，并通过开办小卖部等方式，来进行买卖交流，通过训练“How much is it ? It’s 20 yuan. What would you like to eat ? What would you like to drink ? I’d like an apple . I’d like some water. Here is the money .Thank you.”等对话在情景中可以得到练习，让学生在买卖的活动中体会到父母辛勤的付出和老师的用心良苦，并懂得了与同学交流的礼貌，学生的学习能力同时也得到了提升。

这样的活动环节不但激发了学习兴趣，让学生爱学、乐学，而且学生合作、竞争、创新的素养在活动中得到了有效培养。

（三）妙招三：挖掘教材内容，开展文化品格的培养

1. 挖掘语言素材中有关文化品格方面的内容，在教学中因势利导

例如，中国人的含蓄和西方国家的直率。我们通常在语言表达上存在这样的不同，如当别人问我们要吃点或喝点什么时，中国人习惯客气地说，“不用了，麻烦你了”，但在英美国家他们就会说“Yes，Please”，或“No，thank you”，这就是两国的差异，

我们要理解也要尊重我国的文化，不能摒弃。如通过 Mother’s Day 等节日的学习来展开一系列的感恩教育，学生可以共同制作一张卡片，用英语写上感恩的话，并为家里人做点有意义的事情。在主题教育课上，笔者先找学生介绍：“Hello， everyone. I am Sarah. I’m helpful. I can sweep the floor. I can cook dinner for my mother. How about you ? Are you helpful ? ”然后组织学生展开讨论，再结合其他具有教育意义的中外故事开展一系列的活动，更深层次地让学生体会到母亲的不易，学会感恩、孝敬父母、热爱生活，从而提升其内在的文化品格。

2. 巧用多元性评价，培养学生健全的人格素养

评价是英语教学中的主要组成部分，科学有效的多元性评价有利于学生健全人格素养的培养。

（1）课堂教学的恰当评价。在素质教育核心素养落实和贯彻的今天，一味表扬会使学生对自己没有全面的认识，自信过头的他们一遇到挫折就往往一蹶不振，这样不利于学生健康成长。而在学习之路上，让学生适当受挫、适当受到批评，教师再从中引导学生如何正确对待否定性评价，并对其提出针对性的改进建议，才能更有效地促进学生的成长和人格的发展。如在上英语课时，遇到有学生无心听课，在纸上乱涂乱画的情况教师可以这样引导他：“I know your dream is to be a pilot，isn’t it?”当有学生在回答问题中出现了错误或者回答不出时，教师可以这样说：“Have a try. Don’t be shy. Believe your self.”而英语课中的纠错艺术，还可以借助动作表情，如给一张笑脸、一个哭脸、一个手势等。总之，激励不等于表扬，批评也是一种激励，要让学生懂得自己永远不可能完美，意识到有错就改，这样才能成就更加完善的自己。

（2）测试性的评价。首先，对学生的评价不是在期中、期末考试时进行，而是在学生平时的学习过程中进行。其次，评价性测试不是以知识的考查为目的，而是以语言的运用为目的。通过学生完成真实任务的表现检查学生对语言知识的掌握、情感态度的发展以及文化意识、策略意识的培养等。如要检查学生的关爱、同情等情感，可以让学生读一则饱含情感的故事，然后谈自己的感受。例如，通过阅读两只小猫的成长日记来引导学生爱护动物，并以此来引导学生关心、关爱身边的弱小生命。通过学生描述来评价学生的学习情况。例如，“I usually help my grandma clean the room ， wash the clothes， cook dinner and wash her feet.”有的学生会积极发言：“My grandma had a cold. I feel sad.”教师既对学生的语言表达掌握能力做出了评价，学生的素养也得到了提高。

（四）妙招四：注重学习方法的引导，培养学生思维品质素养

中国教育科学研究院的龚亚夫先生认为：“‘结构 + 功能’的教学路子根本就没有考虑学生的全面发展和核心素养培养。”作为英语教师，在授课中不要只注重知识的传授，一味“满堂灌”，而是要引导学生掌握学习的方法，让学生的思维品质、优良品格、规

范行为等得到有效培养。例如，教学 these 的反义词是什么时，很多老师都会直接告诉学生。these 的反义词是 those，并强调单词的拼读上只是一个字母之差，接着就不再教授 those 的拼读了，这样的教学引导只会让学生死记硬背，遗忘率是十分高的。但如果学习 lake 让学生联想到 like，学习 hill 联想到 ill，看到 these are 而联想到 this is，看到 those are 联想到 that is，学习 tall 联想到反义词 short，学习 happy 联想到与 hobby 的区别，等等。教会学生用这样的对比联想法来学习，学生掌握的就不仅是单词、句型，更是思维的方法、自主学习的方法，因为“授人以鱼，不如授人以渔”。

教无定法，只要得法。在英语课中培养学生核心素养的方法有很多。总的来说，教师在教学过程中是引路人、是点拨者，学生则是课堂的主角，他们在教师的引领下，主动学习、主动思考、主动提问，与教师一起享受教学活动的过程及成果，从中学会生活、学会交往、学会体味人生。这同样也是核心素养下的英语教学赋予我们的一个崭新的课题。

第二节　大学英语教学方法

一、大学英语阅读教学方法

英语教学中英语阅读的教学一直都是难度较高、重要性较大的工作，大学英语教学更是如此。英语阅读对英语词汇、语法的要求较高，教师在教学过程中要学会使用合适的阅读教学方法，提升学生英语阅读的效率，保证英语阅读的效果。

（一）大学英语阅读教学的重要性

阅读作为英语教学中非常重要的组成部分，始终都是英语教学工作的重点。大学英语是在学生步入社会之前系统学习英语的机会，这一阶段的英语阅读非常重要，能够对未来的人生产生重要影响。而如今我国正处于一个信息爆炸的时代，知识更新的速度非常快，传统的阅读方法已经不能适应当前的需求。因此，教师要不断提升英语阅读教学的水平。良好的英语阅读效果不仅可以增加学生的词汇储备量和语法知识，还可以提高学生的书面表达能力和交际能力。

（二）大学英语阅读的教学方法分析

1. 掌握快速阅读的基本技巧

快速阅读的两个技巧分别是避免发声和减少注视点。发声阅读是影响阅读速度的关键因素，据统计，默读的速度是朗读的 4 倍，默读是提升阅读水平的关键因素。有的人在阅读过程中虽然没有发出声音，但是能看出他的唇或舌在动，这也会影响阅读的速度，在阅读的过程中应尽量减少唇动、舌动的现象。快速阅读的另一个关键点是要减少注视点，在阅读过程中眼睛主要是依靠眼跳中的注视点来获取信息的，减少注视点就可以增加视觉的幅度，从而获得更多的信息，节省阅读时间，提升阅读效率。大部分学生在汉语文章的阅读中容易掌握快速阅读的技巧，但在英语的快速阅读上就显得较为吃力。在日常英语教学中，教师要不断培养学生的快速阅读技巧，提升学生的英语阅读效率。

2. 抓关键词，快速掌握文章内容

任何文章都有关键词和主旨句，通过掌握关键词和主旨句可快速掌握文章的内容。文章中的主旨句一般是在文章的开头、结尾或中间部分，对主旨句的把握有利于提升阅读的速度和理解程度。一般英语阅读的主旨句往往在开头或结尾，通过阅读开头和结尾能快速了解文章的主题。学生在做题时，首先要查看阅读材料的体裁风格，查找关键词，关注文章主要讲述的内容,并对文章的第一段以及每段的开头和结尾抓主要情节和论点。文章的关键词和主旨句是学生做阅读理解题的关键，关键词和主旨句分析不正确将会影响对整个文章的理解。

（三）提升大学生英语阅读的有效策略

1. 培养学生良好的阅读习惯

阅读习惯是决定阅读效率的关键，教师在进行英语阅读教学时，要注意培养学生正确的阅读习惯。首先，要学会默读。有的学生在英语阅读时喜欢将每个单词都读出声音来，以便自己理解；有的学生经常借用笔之类的工具来指点着助读。这些习惯都不利于学生养成高效率的阅读习惯。默读不仅比发声阅读的速度要快，同时它通过视觉器官直接感知文字信号，可以加深对文章的印象。其次，尽量避免查找工具书。在阅读过程中不可避免地会遇到生僻的单词，有些学生每遇到生僻词的时候就要查找工具书，这将会影响阅读的速度。文章中的每个单词都不是孤立的存在，在遇到生僻词时可以跳过，个别生僻词不会影响对整篇文章的理解，而且有时通过上下文也能够猜出生僻词的含义。在阅读过程中不用过分计较生僻单词，要尽可能保持思路的流畅性，快速找到文章所包含的信息。

2. 提升学生阅读速度

阅读速度的快慢将影响学生对文章主旨的把握。教师在教学过程中要注意提高学生的阅读速度，使其快速掌握文章主题大意。以新视野大学英语教材为例，教师在讲解文章的内容时，可先让学生进行略读，略读的目的是使学生能够快速掌握文章的大意，并掌握文章的结构。教材中的文章体裁都不相同，学生要掌握不同文体的特点，并据此去了解文章的大意，通过寻找关键词的方法来快速地掌握文章主旨，提升阅读速度。在平时课堂教学中，教师要不断地引导学生使用正确的阅读方法，提升阅读的速度。

3. 加强课外阅读

教师在英语阅读教学中不仅要重视课堂阅读教学，还要增加学生的课外阅读量，将课外阅读作为课内阅读的补充。学生通过课外阅读可以获得更多的知识，拓宽自身的知识面，掌握大量的词汇和语法，有利于提升学生的阅读能力。如果仅仅将学生英语阅读局限在课堂范围内，那么学生的阅读实践就将受到限制。学生进行课外阅读，词汇量的重复率越高，学生对词汇和语法的掌握程度就越高，阅读速度和能力就会有所提升。学生课外阅读的选择性较多，教师可根据学生的兴趣爱好为其选择合适的阅读材料，提升学生的阅读积极性，使学生能够做到自主阅读，增加阅读的兴趣。“课外阅读”是拓宽知识面的途径，加强课外阅读，保证课外阅读内容的多样性，不仅可以增加学生阅读的兴趣，还可以提升学生的阅读能力。

总之，阅读是大学英语教学中十分重要的组成部分，做好大学生英语阅读工作是非常关键的。因此，教师要选择合适的教学方法，并培养学生良好的阅读习惯，提升学生的阅读速度，加强学生的课外阅读，通过课内外两种阅读形式共同提升学生的阅读能力。英语作为一门国家化的语言，能够熟练地使用英语来进行交际已经成为学生未来步入社会不可缺少的能力之一。良好的英语阅读能力能提升学生的英语交际能力和书面表达能力，教师要不断改进英语阅读教学，使英语阅读能够在学生未来的工作和学习中发挥最大的价值。

二、大学英语分层教学方法的创新策略

（一）大学英语教学现状

在大学英语教学过程中，教师按照教学计划和任务，以讲授法为主进行授课；根据课本的内容和知识，按照教学规划内容，以阅读教学为主。这种教学方法，延续高中的以高考为目的的应试教学，已经不适合作为大学生的主要教学方法。

大学英语教学的评估与考核主要是期末成绩和最终的学生就业率。教师的教学目的就是提高学生的期末成绩，以学生掌握课本知识为主，并没有关注学生的自主学习和自主知识体系的构建，也没有为学生营造学习的环境和氛围。学生不能形成完整的知识体系，导致英语学习事倍功半。

学生的英语基础差异比较大，学习兴趣和积极性差异也比较大。有些学生因为生源的原因，基础本身比较差，学习兴趣又不高，如果教师还是用传统的讲授方式，不注重学生的接受度，那么很容易导致学生厌学。没有采取分层教学模式，不能有效地进行分层教学，而采用相同的考核方式，就会导致学生差距过大。

（二）分层教学方法的创新策略

首先要转变教师的教学理念，从以教师为主体转变成以学生为主体、教师为辅的教学理念。探索教学方法，引导学生主动建立自主学习体系和构建知识。围绕特定的知识点和主题，让学生根据自身水平决定需要学习的基本知识和要点，然后通过自主阅读、自主学习，最后提出自己的疑问让教师来解答。

在课堂中以学生为主体，课堂活动围绕学生开展。引导学生自主设计课堂，鼓励学生自主学习，引导学生充分利用学习资源和新技术进行学习。课堂活动可以通过小组活动来展开，通过小组的互相评价，让学生对自己的学习进行评估，然后通过教师的答疑和纠错，提升学习效率，最后通过教师的总结，完成这部分教学内容。

为学生创建学习知识的情境，在特定的模拟情境中强化学习氛围，提升学习互动性，提高学习兴趣。教师根据教学知识点所属范围和学生的英语基础选择适当的教学方式。教师在讲解完知识点后，可以创建相应的对话情境，比如，机场接送机、车站接送人、商务接待、参观工厂、办公室特定场景等。通过情境，帮助学生温习所学知识，为将来的工作打下基础。

教师借助科技媒体和各种设备搭建专业资源库，引导学生主动整理、收集各类资料并分享至资源库，突破课本、资料的局限性，调动学生的积极性和主观能动性。引导学生积累实用知识和技能，提前适应将来的工作环境。

针对学生的实际情况制订相应的学习方案。针对不同层次的学生制定不同的教学目标，设置不同的教学方法。教师还应当根据实际情况，不断地完善相应的教学方法，根据学生的学习理解情况，对教学方法进行改进，优化教学方案。引导学生多分析和理解，让学生主动分析和思考，锻炼学生自主查阅和搜索资料的能力。

总而言之，教师应当改变陈旧的教学理念，积极采用创新教学手段，应用分层教学模式，针对学生的层次设计相应的教学方案。为学生创设相应的学习情境并借助科技设备建设专业资源库。通过提高学生对英语学习的兴趣，学生能自主构建学习体系，从而逐步提高英语应用能力，增强就业竞争力。

三、如何提高大学英语学习积极性

大学英语学习要求教师以职业活动为导向、以素质为基础，突出能力目标，以学生为主体，以项目为载体，以实训为手段，设计出集知识、理论、实践于一体化的课程。在英语学习过程中，必须把培养学生的英语学习动力放在突出的位置，以保证学生走上社会之后的可持续发展能力。教师在课堂上，带领学生去完成任务，而不是仅仅讲授一本书。学生跟随教师完成这些任务，锻炼办事和解决问题的能力，锻炼自学能力，学到相关知识，获得实际成果，产生由衷的成就感和自信。但现阶段还有高校学生缺乏对英语学习的积极性，对学好英语缺乏信心，但有兴趣参与教师组织的英语课堂活动，乐于接受新的教学理念和教学模式。因此，如何调动学生学习英语的积极性成为现阶段有待研究的内容。

（一）大学英语学习积极性现状

1. 大学英语学习重点强调就业能力的培养，为满足专业理论和技能的培养，压缩了包括英语课在内的人文教育方面的基础课程，从而导致英语教师教学积极性和学生学习积极性的降低。

2. 教学模式滞后。大部分高校教师已经习惯于老师前面“讲课”、学生下面“听课”的模式，在这个过程中，除了间断性地提出几个问题，教师几乎一直在不断地讲课，却没有真正明确学生是否获取到了知识。高校英语教师在教学过程中不能只注重学生的英语考级，如 A、B 级和四、六级，或者只重视英语听力练习，注重阅读、翻译和写作的操练，而忽略了英语口语的练习，造成学生只学会书面知识，也成了千百万毕业生中的“哑巴英语”毕业生；相反，只重视英语口语表达，而忽略英语词汇和语法知识的掌握，学生则会变成徒有其表的“空壳子”。大部分高校教学大纲都测试评价教学质量的好坏，以测试结果作为评估学生英语能力的重要手段，手段过于单一，无法全面有效地呈现教师上课内容的丰富多样性及学生学习过程的生成性价值。

（二）如何提高英语学习积极性

1. 教学过程交际化，以学促用

环境是促进语言习得的基础，语言交际既是学习语言的目的，也是学习语言的方法，儿童母语习得如此，成人英语习得或学习亦如此。学生在日常生活和职业场景中的英语应用能力的培养，无疑离不开学生在真实的生活和职业场景中运用英语进行交际的实践。教学过程中，教师要努力营造宽松民主的课堂氛围，建立平等和谐的师生关系，积极创设合乎大学生生活和职业要求的言语交际情境，力求英语教学过程交际化，充分调动学生的学习积极性，引导学生通过参与各种课堂语言交际活动，体验、掌握所学的语言知识；学生在真实的交际过程中，只有不断地将所学语言与其所反映的环境和事物联系起来，形成有特定意义的语言概念，才能运用所学的语言知识来表达思想，满足特定的交际需要。

课堂活动以话题为核心，以学生生活、职场情境为载体，以交际为目的。教学内容主要根据功能等来选择，而不是根据语言形式选择。话题围绕大学生的生活和今后的工作场景展开，言语交际活动灵活多样。可以模仿每单元的主题对话中的职业场景，让学生用所学的知识认真准备好对话，在准备过程中可加深对所学语言知识的理解；再进行角色对话表演，体验交际中怎样准确流利地使用语言来表达自己的思想，培养在特定的情境中与人交流的能力。教学活动中有师生互动，但更重要的是生生互动。师生互动是一种单边交往活动，教师或提问，或答疑，或引导，而学生思考、质疑、答问，师生间互相倾听、互相交流，实现教与学的双向互动。学生可以模拟单元话题创作自己的对话，进行两人或小组自由会话、个人简短发言，就课文的问题开展小组讨论交流等。生生互动，再现和模拟真实的言语交际过程，同学之间真诚交流、互相鼓励、合作学习，提高学习英语的兴趣，并在语言交际实践中提升语言交际的技能、技巧，以学促用，为用而学，逐渐实现在特定的情境中自如运用所学的语言进行交际的目的。

2. 利用现代化的教学手段，活化课堂教学

教师只凭纯文本教科书授课，时间一长，学生易感到单调、枯燥，不易提起学习兴趣。在教学过程中，教师根据教学目标和学生语言学习的特点，选择和运用现代化的教学手段来辅助教学，合理运用录音、挂图、磁带、投影、录像、电影、电视等多种教学手段；也可以按照教学需要有效整合文字、声音、图像等各种教学资源，制作成多媒体教学课件，多角度、多形式地把教学内容呈现给学生。以多媒体信息方式呈现教学内容，图、文、声、像并茂，远比单一的文字形象生动，更能吸引学生的注意力，调动学生的积极性、主动性和创造性，给课堂教学带来更多的活力。多媒体辅助英语课堂教学，视、听、说结合，教学内容丰富新颖，语言鲜活生动，寓教于乐，学生更愿意参与教学活动，知识获得也更为主动，激发学生的学习兴趣，使其产生强烈的学习欲望，从而形成学习动机，达到事半功倍的教学效果。利用多媒体再现和模拟丰富多彩的生活和职场情景，更易于营造出适宜的英语交际情境，有效为学生的言语交际创造良好的氛围。将语言知识的学习和语言技能的培养融入学生真实生活和工作情境中，通过动画人物或真人的生动演绎，抽象的语言知识变得易于理解，难点变得易于突破。学生在真实的交际情境中，真切地感受语音、语调的变化、语言在交际中的准确运用，学到活的语言，甚至职场的工作环节、工作礼仪也在潜移默化中为学生所感知、掌握，有利于培养学生的语言运用能力。

教师应关注学生，突出行动导向。英语项目化教学模式是以学生的职业生涯为背景，以学生为主体，突出能力培养，为满足整体的教学目标而设计系统的教学子项目，学生以完成英语课堂上的各个项目为任务，达到整个学期的培养目标，从而提高在职业生涯中的实践能力。同时，项目化教学也进行了考核方式的转变，项目考核成果形式包括学生在本学期根据项目要求制作的口语对话视频、英语音频、介绍 PPT 等，用项目对能力进行反复实训。教师要组织以学生为主体、以能力为中心的一体化教学。在大学公共英语课程教学中，项目化教学是一种改革的积极探索。但是，这种项目化教学应该以融合培养学生的职场知识和人文素养为目标。

3. 开展丰富多彩的课外活动，促进学生的个性发展

“纸上得来终觉浅，绝知此事要躬行。”开展丰富多彩的英语课外活动，引导学生尽可能多地接触不同国家、不同职业、不同口音、不同语速的人说的英语，学生沉浸在英语的海洋里，在真实的语境中全方位地感知以英文为母语的人在不同的语境中是如何自如地运用英语交际的，慢慢地培养语感，并且学着说、学着用，慢慢提高语言的使用

能力，促进语言技能迁移。

课外活动主要包含两类：一类是学生完全凭着自己的爱好自愿选择，如看原版英文电影、电视剧或动画片，听英语歌曲，读英语版名著等。学生也可以自愿组成英语学习兴趣小组。因为喜欢，学生往往兴趣浓厚，降低了情感过滤器的影响，提高了学习的主动性。教师可以向学生推荐一些优秀文学作品、英语影视作品、英语报纸杂志、优秀的英语学习公众号等。另一类是针对课堂教学任务开展的课外活动，例如，收集与话题相关的文化背景知识，准备课文中开放性问题的材料，为加强听说训练而安排课外听说活动，如名人演讲、国家元首在圣诞或新年的致辞等，这类课外活动教师要进行落实；还可定期举办英语演讲、英文歌曲比赛、英语角活动等。在这一类的课外活动中，学生是活动的主体，教师起协调和引导的作用。

课外活动提供了英语学习的自然环境，帮助学生较全面地了解英美国家的风土人情、生活习惯、历史文化、礼节礼仪等文化背景知识，拓宽了知识面，开阔了视野，有助于学生在交际中运用地道、得体的语言。学生在真实的交际活动中积极实践，把课堂学到的知识运用于实际，加深了对知识的理解，在实践中创造性地使用语言。内容丰富多彩、形式多种多样的课外活动有益于学生施展才华、发展个性、丰富精神生活。运用现代化的教学手段，创设贴合学生生活、职业的情境，以话题为核心，以交际为目的，进行互动性情景教学；把课外活动作为课堂教学的有益补充，激发学生的学习兴趣，提高英语学习的积极性，在交际过程中培养学生在日常生活和职业场景中的英语应用能力。

总而言之，通过各种方式与手段，学生能够投入学习当中，提高对大学英语学习的兴趣与学习水平。我们只有在实践中不断地积累经验、摸索和改良教学方法、教学模式，才能培养学生的自主学习积极性，达到更好的英语教学效果。

四、大学英语写作教学研究

（一）大学英语写作中的常见错误

通过与兄弟院校的大学英语教师交流，笔者发现，大学英语写作教学是大学英语教学中难度较大的一部分。有些大学生在经过若干年的英语学习之后，在英文写作时，仍然会犯非常低级的错误。例如，She have a sister，Read books is important to college students. 在一些大型的英语考试中，写作部分得分相对较低。

让大学生认清各种各样的错误，并尽可能有效地避免，对提高英语写作水平是非常有益的。在日常教学实践的基础上，笔者总结出了大学英语写作中一些常见的错误：

1. 句子不完整；

2. 主谓不一致；

3. 搭配错误；

4. 单词拼写错误；

5. 时态使用错误；

6. 语态使用错误；

7. 词性误用；

8. 不切题。

（二）大学英语写作的改进措施

1. 加强写作基本功的培训

许多学生在进行英语写作时，常常不知道如何开头、如何展开段落和如何结尾，致使写出来的段落或文章缺乏起统领作用的主题句，不能形成一个有机整体。

在日常教学中，可以给学生讲解英文段落的三个重要组成部分：主题句、扩展句和结尾句，并分别讲解其作用和写法。此外，要教导学生善于使用过渡词，使前后句子之间的逻辑联系更加明确，能够完整地表达中心思想。

在篇章写作方面，审题是非常重要的。审题包括内容、人称和时态的确认。学生需要了解作文如何展开、如何防止偏题等。

2. 用多种手段提升大学生的英文写作技能

授课教师批改作文是大学英语写作教学过程中的重要工作。在多年作文批改实践的基础上，笔者总结出了如下方法：

（1）与学生面对面批改作文

大学英语授课时间非常有限，再加上学生人数众多，如果利用课上时间来批改作文，难度是非常大的。因此，授课教师可以利用课余时间，为学生面对面地批改作文。由于是当面指出问题，能加深学生对问题和错误的认识，降低学生再犯此类错误的概率。当然，这种教学方法占用了授课教师过多的课余时间，是否能大面积推广，仍存在较大的争议。

（2）利用 PPT 课件集中讲解典型错误

授课教师可以在批阅作文的过程中，记录下比较典型的错误，然后用 PPT 把这些错误展现出来，使学生在反思的过程中提升写作能力。授课教师需要充分调动学生的积极性，让他们找出作文中的错误并加以改正，收集他们对作文的整体评价意见。通过这种方法，可以让学生加深对作文中各种问题和错误的认识，最大限度地调动学生学习写作的积极性和主动性。

（3）充分发挥小组学习的优势

授课教师可以把学生分为若干学习小组，让学生在小组范围内自由讨论，使学习效果达到最优。学生可以在小组范围内互相批阅作文，指出彼此的问题所在，使学生在互批的过程中不断提升自己的英文写作水平。

（4）利用网络写作平台进行写作练习

由于大学英语教学课时相对较少，学生数量相对较多，因此，每个学期只能进行有限的几次写作练习和批改，效果不尽如人意。网络写作平台的使用，可以消除时间和空间的限制，使学生的写作练习次数大大增加。此外，还可利用QQ、微信或微博等多媒体手段，给学生布置一些写作任务，使学生在交际的过程中提升写作能力。量变产生质变，只有通过多次练习，才能使学生的写作水平得以提升。

3. 合理利用写作范文和模板

模仿是英语学习的重要手段。在教学实践中，授课教师整理出各种类型的范文，供学生学习和背诵。学生可以把范文中经典的词汇和表达方式应用于英文写作中。此外，每次写作任务完成后，授课教师还可以自己写一篇范文或模板，供学生参考和学习，做到教学相长。

4. 加强学习态度方面的辅导

一些学生的细节把握能力很差，不注意卷面整洁，字迹潦草，较难识别。还有一些学生由于英文基础较差，自暴自弃，对英文写作缺乏信心。这些主观因素对英语学习的负面影响不容小觑。因此，在日常教学中，授课教师应多对学生进行心理方面的指导。

（1）要相信自己

只要努力、认真地钻研写作技巧及规律，基础差的学生也能够写出优秀的作文。千里之行，始于足下，每天进步一点点，最终会到达成功的彼岸。只有学生相信自己可以做到，他们才能在写作中充分发挥出自己的实力。

（2）要注重细节问题

写作时要做到字迹工整、条理清晰。要时刻注意英语和汉语标点符号在使用方法上的不同。例如，英文中没有书名号，而是用斜体的方式来表示书名。解决好了这些细节问题，才能提升作文的整体质量，取得理想的效果。

以上是对学习态度方面的指导。细节决定成败，我们只有从细节着手，才能达到事半功倍的效果。

五、教师在大学英语阅读合作模式中的角色及教学实施

合作学习理论是基于建构主义理论和动机理论提出的。建构主义理论提出，学生学习过程是积极建构知识的过程，而不是被动接受知识的过程，学习的结果不是学生接受了知识，而是在学习过程中个体知识经验得到了积累。动机理论的核心是激发每个成员的学习动机，合作学习目标之一是增强学习者的学习动机，减轻学习者的压力，创造积极有效的课堂环境。从该理论出发，在合作学习模式中，只有小组所有成员达到了预设的共同目标愿景，每个成员才能实现个人目标。笔者在前期的研究中发现，成员性别、

成员不同的学习成绩在合作学习绩效总分上有差异，合作学习效果与小组规模、目标设置、评价方式、师生关系四个维度的影响因素呈正相关。基于以上研究结果，本节将进一步研究教师在大学英语阅读合作模式中的角色及教学实施过程，强化大学英语教师在英语阅读教学中运用合作学习模式的效果。

（一）教师在大学英语阅读合作模式中的角色分析

不同于以往的课堂教学，合作学习模式将从以教师为主体的教学模式转化为以学生合作学习为主、师生合作为辅的教学模式。教师的角色从以往的主导者转变为组织者、实施者、指导者、参与者及评价者等。

1. 组织者。作为合作学习模式的组织者，教师要熟练掌握合作学习模式的理论知识，熟悉学习主体的学习情况、学习习惯及个性特点。在合作学习前，教师要认真完成备课和课程设计环节，明确合作学习目标，厘清学习的重点和难点，认真组织可行性强、效果显著的英语阅读课堂。

2. 实施者。在大学英语阅读合作学习模式的实施过程中，教师要对小组进行合理分工，小组人数控制在五六人为最佳。前期笔者发现，在指定一名成绩较好和一名成绩较差的学生共同组成小组的情况下阅读成绩提高最快，因此在分组过程中要考虑组员的不同性格及学习积极性，形成互补。此外，在实施过程中还要明确组员间的分工，确定组长、背景材料收集员、现场记录员、协调员及发言人员等，每次实施时轮流交替，避免出现“一言堂”现象。

3. 指导者。在实施合作学习模式时，教师主要充当指导者角色。教师要及时指导各小组间的合作学习，在思想、方法、积极性等方面指导学生，要让组员在该模式下学会合作学习的技巧及方法；还要调动学生的学习积极性，使学生在合作过程中发现问题，及时指导学生解决问题；使学生学会表达自己的观点和倾听别人的观点，营造小组凝聚力和合作学习的氛围。

4. 参与者。教师需要积极参与合作学习，在教师与教师间形成合作学习氛围。同时在学生进行合作学习模式阅读文本时，教师应积极参与各个小组的学习，对各个小组及小组成员的学习情况进行现场观察。在参与过程中要注意调控各小组的合作学习，避免出现学生在合作学习过程中话语过多或过少的现象，并在参与过程中与学生建立良好的师生关系。

5. 评价者。合理及正确的评价与合作学习组员的学习积极性呈正相关，教师作为评价者要注意评价的及时性、准确性及激励性，使学生在评价过程中得到激励，并及时发现问题，形成良性循环。

（二）合作学习模式在大学英语阅读中的教学实施

笔者以 2018 级生物制药班为该模式的实施对象，该班共有 35 人，其中，男生 14 人，女生 21 人。该班学生英语成绩一般，成绩较好者及成绩较差者约占班级人数的 2/5，其余同学为成绩中等者。阅读范本以英语教学与研究出版社出版、郑树堂主编的《新视野大学英语 I 读写教程》第三版第二单元 Section A：“A child’s clutter awaits an adult’s return”为例。

步骤一：明确目标及划分小组。明确目标是合作学习模式教学实施的第一步，也是该模式能否实施成功的关键环节，这要求教师在课程开始前熟悉阅读材料，对阅读材料进行精心的备课。在该文章中，笔者将教学目标定为让学生“have a better understanding of your parents ’ love”和“Generation Gap”。确定目标后，根据“异质同构”的原则将该班级划分成七个学习小组，每组由五名成员组成，其中两个小组由成绩较好和较差的学生共同组成，其余五个小组由成绩中等者组成。分组时充分考虑组员间的性别、学习成绩、学习积极性、性格及学习风格等因素。在小组中分别设置组长、记录员、协调员、发言人等角色。

步骤二：课前收集及整理资料。在正式阅读材料前收集相关资料的目的是帮助学生更好地理解文本。根据这一单元的教学目标，笔者提出“How do you understand I lie love between parents and children ? What will you do to honor and sustain the love between you and your parents now that you are a college student ?”两个问题要求学生提前思考，并要求学生在课前合作收集有关“Generation Gap”和“parents’ love”这两方面的相关资料，尤其是收集有关美国父母对子女爱的表现形式及美国家庭中处理代沟的方式与中国的不同之处的资料。在资料收集这一过程中，要求小组所有成员必须全部参与，并由记录员做好详细的记录以作为教师评价的依据之一。

步骤三：课堂实施合作阅读。组长按照分组及课前收集的资料组织组员对阅读文本进行合作学习；记录员负责观察并记录小组成员学习讨论过程中的活动情况，记录合作学习中产生的问题；协调员负责协调组员课前收集的准备资料并协调合作阅读过程中出现的问题；发言人负责汇报本组成员合作学习过程。在合作学习过程中，小组需要对阅读文本进行基本的理解、总结概括、划分大段，对各部分进行大意总结并完成课后相关问题的回答。在实施课堂合作学习中，教师要全程参与各个小组的学习过程，引导各个小组间用英文沟通问题，指导学生合理运用收集的背景知识、阅读技巧、句法分析及语法知识等，帮助学生解决在前期准备阶段遇到的陌生单词、长难句和较难理解的段落等问题。Schmidt 提出过“注意假设”，认为“注意是将输入转化为吸收的必要且充分条件”。因此，教师在指导过程中要引导和鼓励学生在阅读过程中强化“注意意识”，“注意”重点词、短语和句子进行共享。在这个阶段的最后，由各个小组的发言人汇报本组的合作学习情况及对文本的理解。

步骤四：合理科学的评价。对学习过程及结果的评价是整个大学英语阅读合作学习模式实施的最后一个步骤，教师合理科学的评价对该模式的实施效果起着至关重要的作用。教师客观全面的评价能让学生认识到合作学习过程中存在的不足，激发学生的合作学习热情，维持良好的师生关系；主观片面的评价则会挫伤学生合作学习的积极性。在对该堂课程的评价中，不仅要对各个小组间的合作学习差异性进行评价，还要对各个小组及小组内部成员的表现进行评价，表扬实施过程中表现较好者，对表现欠佳的小组指出问题，帮助他们在下一次合作阅读中避免问题、逐步提高。

在大学阅读合作学习的课堂实施过程中，教师要熟悉角色、明确目标，精心组织、细心指导，积极参与、科学评价，充分发挥合作学习模式的优势，提高大学英语教学的有效性及创新大学英语教学改革。本研究对学生的性格因素、环境因素等考虑较少，在今后研究中需要进一步加强。

第三节　大学英语英汉互译教学策略的研究

一、归化与异化在英汉互译实践中的应用

语言是文化的重要组成部分，与文化有着密不可分的血肉关系。因此，英汉互译的过程不仅是语言转换的过程，更是文化转换的体现。中西方文化存在着共性和个性，译者如何处理由于文化的个性所造成的文化差异成为英汉互译是否成功的关键因素，针对翻译过程中是要保留原文的文化色彩还是以目的语文化为归宿的问题，形成了归化翻译法与异化翻译法这两种不同的翻译策略。

（一）归化法与异化法

1. 代表人物及相关理论

翻译的阐释学派的代表人物——德国神学家、哲学家弗里德里希·施莱尔马赫于1813年发表论文《论翻译的方法》。他说：“翻译有两种不同的途径，一是尽可能不扰乱原作者的安宁，让读者去接近作者；另一个是尽可能不扰乱读者的安宁，让作者去接近读者。”由此，他提出了以原作者为中心和以译文读者为中心的两种翻译方法，但没有给它们以名称界定。美国著名的语言学家、翻译家尤金·奈达在1969年发表的《翻译理论与实践》一书中提出了“功能对等”理论，指出翻译时不应该只求文字表面的死板对等，而要在两种语言间达成功能上的对等，他将“读者反应”作为功能对等上的特征，认为在翻译实践中要高度重视读者对译文的反应，即译语读者对译语信息的理解反应要与原语读者对原语信息的理解反应大致相同，译者可以用最贴近、最自然的对等语再现原语的信息。首先是在思想内容方面，其次才是形式风格方面。从很大程度上来看，奈达是提倡归化的。1995年，美国翻译理论家劳伦斯· 韦努蒂在《译者的隐身》一书

中正式提出了归化法与异化法，他将施莱尔马赫提出的两种不同翻译途径中的第一种让读者去接近作者称为异化法，将其第二种让作者去接近读者称为归化法。他将翻译定义为："翻译是译者在理解的前提下，用目的语的能指链来替代原语文本中的所指链的过程。"韦努蒂反对英美传统的归化，主张异化的翻译，是异化派的代表人物。他认为异化的翻译可以成为抵御民族中心主义，表现外国文本在语言和文化上的差异的一种形式。

2. 定义及特点

归化是指恪守本族的文化传统，回归地道的本族语表达方式。归化的翻译在理论上是把语言看作交际工具；在实践上，强调通俗易懂，避免多义或歧义。习惯认为，当遇到原文与译文之间因文化差异而不能通达的情况时，"要用译语文化代替原语文化"，因此，这种方式更容易为目的语读者所接受，缺点是一定程度上丧失了原语的语言表达形式，可能会造成文化交流上的障碍与缺失。

然而，翻译负有文化交流的使命，让读者了解异国文化是必要的，在目的语中移植原语文化将会丰富目的语的文化和目的语的表达方式。异化就是在翻译方法上迁就外来文化的特点，吸纳外语的表达方式。多数读者认为，读异国文学是为了欣赏异国作品特有的韵味和语言风格。异化法的运用很好地保留了原语的意象，丰富了目标语，并在文化交流方面起到了巨大的作用，但异化翻译对于目的语读者来说要先了解原语的文化，所以可能需要一个接受的时间和过程。

（二）归化与异化在翻译中的应用

1. 习语翻译

习语具有鲜明的民族特色，它们的形成受到各自民族的自然环境、历史背景、风俗习惯、经济文化、价值观念、宗教信仰、文学作品等方面的影响。英语和汉语中的部分习语无论在意义、形象和风格上都具有相同或相似之处，加上英语中的有些习语采用了生动形象的比喻，只要不影响译文读者的理解，我们应该尽可能地采用异化直译的方法，直接按照其字面意义翻译，以期把英语习语的内容、形式和精神都能展现出来，努力减少翻译中的损失，让英语学习者更容易理解和记忆。例如，as light as a feather（轻如鸿毛），as cunning as a fox（像狐狸一样狡猾），forbidden fruit is sweet（禁果分外甜）；又如 to shed crocodile tears（鳄鱼的眼泪）。有了这种异化的翻译，读者自然会去追究其深层含义，原来鳄鱼流眼泪并不是因为悲伤，而是要排出体内的盐分，为了自己的生存。所以，常常用鳄鱼的眼泪来形容虚假的、欺骗人的眼泪。中国读者在读到这样的翻译时不仅在"猫哭耗子假慈悲"的基础上学习了新的表达，更丰富了自己的词汇，了解了外国文化中所传递的常识，可谓一举多得。汉语里面的习语，有些也可在英文中找到类似的比喻。

在很多情况下，由于语言结构和文化背景的缘故，英语和汉语并不用同样的表达方式来体现同样的内容，更谈不上产生同样的效果。如果对原文进行逐字翻译不仅会使习语失去原有的特点，甚至会歪曲原有的意思，读者看了会不知所云或感到可笑，所以可采用归化意译法。

在习语翻译的过程中，我们会碰到一些涉及历史事件或富有浓厚的、独特的民族文化色彩和地域特色的，或者源自一些神话、寓言的习语，最常用的方法就是注样法，即在对原文进行直译或意译的同时，其后再附上注样或解释，简称为直译加注法或意译加注法。换句话说，译者可以把归化和异化的方法结合起来，这样做不仅能使读者更好地理解原文的意思，还能够使读者全面地了解该习语背景下原文化的内涵。综合归化和异化两种方式可以使不明确的信息清晰化，增加文章的生动性，更为译文提供了必要的文化或历史背景，促进了文化的交流与传播。

2. 广告语

广告是提升销售业绩、拓展商业市场最有效的手段。伴随着全球经济一体化的趋势，商业广告翻译如今已风靡经济生活和翻译领域。因为广告的最终目的是激发顾客的购买欲望，所以归化在广告翻译中会有绝佳表现，但在翻译过程中需要考虑源语与目标语之间的文化、语言、广告法律法规等差异的影响。事实上，由于企业的国际市场营销战略及满足青年消费者心理需求等方面的要求，异化在广告翻译中也有相当程度的应用。

广告的最终目的是激发消费者的兴趣，促使其发生购买行为。然而，对于同一类型的广告，并不是每一个语言群体都会做出相同的反应。为了取得同样的宣传效果，促使源语使用消费者和目标语使用消费者的购买行为，在翻译过程中必须遵循以目标语为中心的原则，亦即归化原则，商业广告以消费者为中心的特点同时也决定了以目标语为中心的原则。因此，归化理论在广告翻译中应用广泛，以归化为基础的广告翻译能够取得绝佳的效果。

需要注意的是，有时候归化翻译在以译文读者接受度为导向的同时，忽视了不同语言、文化间的交流，减少了读者接触异域风情的机会。而采用异化翻译策略，不仅可以保持原作的“异国风味”，而且可以促进语言引入，从而使本族语言得到进一步的发展。

从跨文化的角度来看，异化翻译有助于增进文化交流，提高文化认同度，促进文化交融，正如鲁迅先生所主张的“宁信而不顺”，意思是异化翻译的文章尽管读起来费力气，但可以学习新文化、新思想。

由此可见，归化和异化必须把握适度的原则，再根据不同场景、不同文化等各方面因素选择最合适的翻译策略，这也是符合辩证唯物主义的。

严复在《天演论》序中说：“译事三难：信、达、雅。”“信”是忠于原作，“达”是忠于读者，“雅”是对于文学语言的忠诚。“信、达、雅”虽然只有三个字，但体现了作品、读者、语言三者之间的关系。归化与异化是翻译的两种策略，各有优势，各有不足，译者应该具体问题具体分析，以期达到“信、达、雅”的境界。

二、从句法结构来分析英汉互译

在大学英语学习和教学中，英汉互译能力是一种必备的能力。而在翻译实践中，会涉及汉语和英语这两种语言之间的不断转换，这就需要我们对汉语和英语在文化上的差异、语言表达习惯以及规则上的不同做深入的了解。在英语翻译实践中，当遇到的英文与我们汉语的语言表达习惯等方面不同时，我们就会受到母语表达习惯等的影响把母语的语言表达习惯套用在英文上，采用母语的语言表达习惯和规则，导致母语负迁移的产生，不符合目标语，表达起来晦涩难懂，造成英语翻译不准确，影响到译文的质量和译作者的英语翻译水平。下面将举例说明母语负迁移在句法方面对翻译教学的影响。

（一）句子层面的“母语负迁移”

由于汉语语法呈隐含性，因此汉语的分句之间不用语言形式连接，而是通过语序或大量的虚词、助词来表达语法意义和逻辑意义。与之相反，英语的语法呈外显性，常用各种形式手段，比如，连接词连接分句或从句。如果说英语是一棵以主谓为主干的参天大树，各种从句和修饰成分是主干的分支，那么汉语就是一串葡萄，把各种词汇串在一起，形散而神不散。从句式上来讲，英语倾向于用长句、复合句，而汉语倾向于用短句、简单句。因此，在英汉互译时，英语学习者应该了解二者句式的区别并对其进行符合目标语翻译的处理。

（二）句法方面的干扰

由于中文和英文在句式上特点不同，在英汉互译时应该克服句法方面的干扰，比如，省略、一致、语序、重复、被动句等。

受“母语负迁移”的影响，英语学习者倾向于在译文中照搬原文的句式，因此短语、分句之间缺少连贯性和必要的衔接。比如，在例句“新闻记者必须比普通公民更深刻地理解法律，这种观点是对新闻媒体既有惯例和特殊责任的理解”中可以看到，中文句子中多动词，是串行结构，而翻译成英文却要克服母语的负迁移，因为英文句子是树状结构，不能参考汉语从前往后翻译，而应该先翻译主干部分的主谓结构，然后再翻译从句和其他从属结构。

（三）从句法上来讲，汉语重人称表达法，英语重物称表达法

从英汉互译中我们经常可以看到，汉语常常隐含或省略人称，注重的是“什么人怎么样了”；而英语强调主客分明，注重客观、公正，以客观的口气呈现出来，注重的是“什么事发生在什么人身上”。受“母语负迁移”的影响，英语学习者往往会忽视人称的转换。汉语的人称倾向促进了主动语态的运用，而英语多无主句，物称倾向也促进了被动语态的广泛使用。虽然汉英都有被动语态，但汉语的被动句多为意义被动句，而英

语的被动句多为结构被动句。受“母语负迁移”的影响，英语学习者往往意识不到原文是被动句，而在译文中采用了主动语态来翻译。

当然，这里提到的一些实例只是很多母语迁移中句式不同对翻译的一部分影响，在现实翻译教学中这类现象不胜枚举。鉴于此种现状，我们不得不重视中文和英文句式的不同，并多加总结和对比学习，排除其干扰，让翻译中的目标语更贴切和准确，提高翻译的准确性和精确性。

三、从中式英语谈英汉语言对比

中式英语的存在已有近 200 年历史。改革开放后，中国大规模学习英语的热潮方兴未艾。中式英语的新形式层出不穷，其数量和影响力也急剧上升，不少汉语介词不断渗透到英语中乃至成为规范英语的一部分。在此背景下，不少学者开始重新定义“中式英语”。万鹏杰认为：“中国式英语是指中国的英语学习者或使用者由于受母语干扰和影响，硬套汉语规则和习惯，在英语交际中出现的不规范英语或不合英语文化习惯的畸形英语。”也有学者主张社会各界对于中式英语的态度不必苛刻，“由于英语已成为国际性的通用语言，世界各地都在使用，而且各有各的特点，不再是铁板一块，不少语言学家谈到英语，不再用 English 一词，而是用 Englishes。中式英语就是国际英语家族中的一个成员或变体”。换言之，中式英语是英语本地化的必然结果。如今的中式英语已然成为大众娱乐的点缀，学界对于中式英语的态度也越发模糊。这却给中国当前的英语教学，尤其是翻译教学造成了极大困扰。

陈小慰对追捧中式英语译文的现象进行了批评，并提出翻译教学（特别是汉英翻译教学）要注重实现译文预期功能，在维护民族语言文化和国家形象的前提下，对他国文化予以应有的尊重，并用西方人熟悉的方式有效宣传中国文化。笔者认为，在语言研究领域，我们不妨给予中式英语和标准英语相应的重视。在英语教学过程中，英语的使用还应当遵循国际惯例，英语教学要以传授目标英语的使用规范为教学导向，中式英语须被当作语言错误加以纠正，教师讨论中式英语亦不应停留在“知其然，不知其所以然”的层面。中式英语是中国英语学习者因难以摆脱母语习惯，在使用英语过程中产生了负迁移而形成的中介语。归根结底，中国英语教学的参与者只有进行英汉语言对比研究，认识到两种语言各方面的差异，才能有效克服中式英语。不同于英语，汉语是注重名物、名动包含的语言。中国学生汉英翻译中出现的名词类问题就能充分反映两种语言音、形、义、思的差异。由于语言对比涉及的现象纷繁错杂，本书更关注语言本体研究，对交际和跨文化因素导致的相关问题不做单独讨论。

（一）汉英翻译的名词类问题

很多语言学家，如郭绍虞、金克木、龚鹏程等都曾强调，印欧语（包括英语）以动词为主，汉语则以名词为主。中式英语的名词类问题完全能够折射出中国人学习英语的各种困难。Joan Pinkham 把名词类问题列为区分规范英语和中式英语的显著标志。“英语是基于动词的语言，它简明有力，最重要的是表意清晰；中式英语却是基于模糊、泛化、抽象的名词，语言繁复冗杂，令人费解”。名词类问题在中国学生的汉译英习作中更显突出，这些问题可大致分为三类：名词语法形态错误、名词过度形容词化和名词累赘。

1. 名词形态错误

名词形态是英语语法教学中最基本的知识点。目前多数中国学生在接触英汉翻译之前都已经经历了 10 年左右的语法学习，他们在做相关选择题时通常问题不大，然而一旦落实到主动表达，这类错误的数量便会迅速增加。因为汉语名词没有形态变化，学生在翻译过程中经常会忽略目标语言的语法形态变化规则。

除了名词本身的形态错误，由此引发的冠词、指代、主谓一致等中式英语问题在学生翻译中也不胜枚举，鉴于篇幅所限，本书对此不做赘述。如果说在时间充足、教导得当的情况下，学生还能自主纠正名词形态错误。以下将探讨的名词形容词化和名词累赘问题，这两类问题往往更具隐蔽性，这样的表达甚至还在国内英文媒体中大行其道。

2. 名词过度形容词化

英语中也存在名词形容词化的现象，然而这种情况只限于形式简单、语义清晰、没有对等形容词的短语。名词修饰名词的用法在英语中并不是主导性倾向，但汉语中名词形容词化的用法比比皆是，翻译成英语便显得佶屈聱牙。例如：

（1）科学家们正在进行乳腺癌研究项目设计。

Scientists are working on breast cancer research project design.

(修改建议：使用介词凸显层次 “the design of research project on breast cancer.”)

（2）我们必须要采取水土流失控制措施。

We must take soil erosion control measures.

(修改建议：使用动词不定式“take measures to control soil erosion.”)

此外，英语名词的过度形容词化还容易带来不知所云、歧义难辨的后果，如下面这句话的翻译：

（3）这场关于形象管理的讲座对职场人士很有帮助。

The lecture on image management is very helpful to professionals.

(修改建议：The lecture on how to dress up as professionals is very helpful.)

3. 名词累赘

“汉语为了避免歧义，凸显意义，平衡对称，悦耳动听，有些重复也是有必要的。但汉语重复的合理性并不意味着可以这样直接翻译成英语”。因此，有不少英语水平较高的中国人都难以意识到中式英语中的累赘问题。名词累赘是英汉翻译中的一大通病，主要包括抽象名词累赘、名词对累赘、范畴词累赘。

（1）抽象名词累赘

抽象名词指称笼统、含义广泛的名词，这种模糊性的确能迎合一些特殊表达的需求，但不宜滥用。20 世纪 80 年代兴起于西方的简明英语运动提出的一大重要主张就是反对滥用抽象名词，提倡在英语中多使用行为具体、目的明确的强势动词。中式英语的抽象名词累赘问题也可根据该指导思想进行修正。

（2）名词对累赘

汉语的四字格表达是英译的一大难点。很多四字格是由语义相近的词对组成，学生们往往不假思索地将两个同义词都翻译成英文。

同义名词对的使用在汉语中屡见不鲜，但 Pinkham 将这种中式英语现象称为“累赘词”。尽管她认为不同的词语包括同义词在内也必然存在某种程度上的差别，但译者应该考虑的问题是“特定（英语）语境中（这两个词）差别是否重要？添加第二个词能否给第一个词增加新意？”如果答案是否定的，那么使用第二个词就是画蛇添足。按照英文习惯以此类推，诸如，“水深火热”这样的并列结构也只需译为“（in）deep water”，而不是“（in）deep water and hot fire”。

（3）范畴词累赘

范畴词累赘也常见于中式英语。例如：

①花朵是红色的。

The flowers are red in color.

②这里人数较多。

Here are more people in number.

③这辆赛车车速快。

The race car is running at fast speed.

在汉语中，一个修饰语素加上表示属类概念的语素是合成复合词的重要组成，例如，“红色”“人数”“快速”等。但英语词汇却少有这样的组合，以“车”为例，英语中的“truck”（卡车）“crane”（吊车）、“bus”（公共汽车）都没有表示范畴“车”的语素。同理，以上译文中的范畴省略不译。

中式英语的根源：英汉语言差异。

英汉语言对比研究不仅是解决翻译问题的突破口，也是服务英语教学、修正中式英语的关键所在。翻译中出现中式英语主要存在两方面原因：其一，对原文理解不到位；其二，在翻译策略上选择简单直译。汉语虽为中国人的母语，但博大精深、源远流长，中国人在学习英语的同时不应该忽略汉语的学习。“对汉语语法特点的语言学认识，这是英语教师应该具备的素质。教师只有设法让学生体悟两种语言影响全局的根本性差异，才能做到纲举目张、举一反三。”只有精通英汉双语与了解两者之间的差异，采取符合英语思维的归化翻译，才能避免中式英语的错误。英汉双语源于截然不同的语系，两种语言在语音、形态、释义、思维层面上的差异远远大于共性。

（二）语音层面

汉语是注重音韵的语言，双音化是汉语音韵发展的大趋势。王力把双音化列为汉语语法史上最重要的变化之一，他认为，双音化不仅是一个单纯的语音问题，而且还是构词法问题。石毓智指出："单从数量上看，现代汉语的双音节词远远多于单音节词和三音节词及其以上的词……在很多情况下，单音节词只有被加上一个音节后才能做句子成分或者独词句，所加的音节通常是一个词缀。"例如，"美国"这种结合范畴语素的构词方式，以及汉语中以并列词对为代表的四字格结构都是源于汉语的双音化趋势，这也是英语所不具备的音韵特征。如果我们不加取舍地将这些词汇逐字英译，就会产生重复累赘的中式英语。

（三）形态层面

汉语作为一种典型的孤立语，其字词不能依靠词形变化来体现语法关系；而英语作为有曲折变化的综合语，它的变化程度虽然比不上印欧语系的其他很多综合语，但各种词类的形态变化要比汉语复杂得多。事实上，由于缺乏形态变化，汉语的词类划分界限也非常模糊。例如，"参观"一词通常被人们从语义角度判断为动词，然而"参观部队"这个短语可以按照两种逻辑进行结构划分：一种是动宾结构，意为"去参观（动词）部队"；另一种是偏正结构，意为"前来参观（形容词）的部队"。同样，"部队参观"这样的短语也常见诸报端，它仍存在歧义，但至少可知"参观"用作名词也没有问题。汉语中词类模糊导致的结构歧义现象远多于英语，但以中国人的常识理解起来基本上没有困难。

（四）语义层面

英语是典型的"形合"语言，所谓"形合"，就是"使用明显的形式标记，如曲折变化、介词、连词等，将词组、句子甚至段落连接起来，当这些外部标记不足时，要采用其他的语法手段来表示话语内部的语义关系"。汉语却是"意合"的语言，"理解汉语话语时，凭借的是自己对话语内部语义关系和情境上下文的敏感性。这种敏感性存在于汉民族的潜意识里，它替代了部分汉语语法"。汉语中有很多四字格成语本质上都是"意合"复合句，例如，"天旋地转"（并列复句）、"鸟尽弓藏"（条件复句）等，它们不需通过联结成分就能表达语义。

"形合"是英语明确语义表达的重要手段，这在上文"名词过度形容词化"的例句修改中就有所体现。相较于英语，笔者认为，汉语虽然缺乏明确语义的"形合"手段，但语义反复的措辞手法对此也具有弥补性。反复的表达方式不仅是为了追求音韵效果，它在客观上还具有显化、强化语义的功能。以"这个男人真是风流"这句话为例，"风流"这个词在句中可能有多种解读，但如果用近义词"风流倜傥"来替换"风流"，这句话的语义就一目了然。由此我们也能更好地理解为什么汉语对于语义重复的包容性很高，翻译成英语却往往被视为累赘语病。

（五）思维层面

以亚里士多德为代表的古今圣贤大多主张动词具有时间性、名词具有空间性。英语是靠动词驱动的语言，所以才会衍生出以时态标记为核心的语法形态变化，英语语言的整体组织方式也倾向于象征时间的线性结构。时间上的先与后通常对应着逻辑上的因与果，这也在一定程度上解释了为什么英语思维具有较强的逻辑性和抽象能力。

中国英语教学应以帮助学生克服中式英语为教学目的，克服中式英语的方法在于进行英汉语言对比研究。中国人要学好英语，首先应该了解汉语和英语两种语言各方面的差异。英语是以动词为主的语言，而汉语是以名词为主、名动包含的语言，分析中国学生汉译英的名词类问题是进行英汉语言对比研究的绝佳切入点。中式英语中的名词类问题主要包括名词形态错误、名词过度形容词化、名词累赘。造成这些名词类问题的具体原因在于汉语具有双音化倾向，缺乏词形变化和词类界限，惯用反复修辞和抽象名词。汉语的“意合”与英语的“形合”形成了鲜明的反差。与英语思维相比，汉语思维的模糊性更明显。只有掌握了英汉双语的本质差异，译者在进行汉英翻译时才能自觉遵循英语语言和思维规律，摆脱字面直译的习惯，走出中式英语的误区。

四、基于英汉文化差异的高校英语教学

语言是文化的载体，任何语言教学都离不开文化的学习。在英语学习的初级阶段，迫于各种升学压力，教师一般更加重视英语语言知识的学习，从而忽视了文化教学，这对于全面的英语学习是有所欠缺的。因此，在高校英语教学中，教师应充分认识到英汉文化差异在英语教学中的重要性，在课堂教学中贯穿英语文化理念，培养学生的英语综合素养。

（一）英汉文化差异的具体表现

1. 风俗文化差异

风俗文化是指贯穿于日常生活和交际活动中的、在长期历史发展过程中所形成的不同民族的风俗习惯。不同民族在称谓、告别、打招呼、道谢、致歉等方面都有各自的民族文化习俗约定，在英语文化和汉语文化中也是如此。如在汉语文化中，人们见面打招呼常问：“去哪儿呀？”“吃了吗？”“去干吗？”当人们见面问这些问题时，他们并非真正想询问对方这些信息，往往只是见面时的寒暄，并没有十分具体的实际意义。但在英语文化中却不同，当被询问同样的问题时，西方国家的人会认为对方是在打探自己的私事，他们就会有所介意。出于尊重别人隐私的考虑，英语文化中的人寒暄常围绕公共话题展开，如询问天气，或是直接说“Hello!”“How are you?”等。

2. 文化差异

宗教文化是人类文明的一个重要组成部分，英汉文化具有不同的宗教文化差异。我国文化深受儒家思想的影响，倡导“仁、义、礼、智、信”，这些思想对后世影响深远。如在伦理道德方面，我国汉语文化十分重“孝”，有“百善孝为先”，“孝”是促进家庭和谐的必要条件，也是个人所遵守的基本的伦理道德。汉语文化中提倡“多子多福”，也喜欢一家人其乐融融的氛围，父母老了大多以享受天伦之乐为幸福。而在英语文化中，西方人十分重视培养孩子独立自主、自立自强的精神。在西方国家中，父母没有义务继续抚养已经成年的子女，而在我国，绝大多数父母一生都在为子女付出，无怨无悔。

3. 思维方式差异

在英语学习中，人们常容易受到原有文化中的思维方式的影响。因此，在高校英语教学中，笔者发现，学生的口语表达和习作中常出现“中式英语”的表达现象，这就是由英汉文化中思维方式的差异造成的。教师在教学过程中应对此问题给予足够的重视，引导学生学会英语文化的思维方式，从而提高英语综合水平和运用能力。

（二）基于英汉文化差异的英语教学策略

长期以来，英语教学中存在重语言知识、轻语言文化的现象。语言是文化的载体，一方面，语言的发展变化受到文化的影响；另一方面，语言的发展演变也影响着不同文化间的传播和碰撞。对相应语言文化知识的了解和掌握直接影响着相关语言的综合运用能力。基于笔者自身教学经验，下面从四方面对基于英汉文化差异的英语教学策略进行探讨研究。

1. 充分利用数字化教学手段

近年来，我国科技迅速发展，数字化教学手段早已走进课堂，这为英语教学提供了诸多便利。文化教学不是一朝一夕可以完成的，教师可以充分利用多媒体等电子设备，每周定期给学生播放一部关于英语文化的影片，让学生在观看电影的过程中逐渐感知英汉文化的差别。这种通过电影学习的方式比教师在课堂上宣讲式地传播文化知识要直观和形象得多，学生在不同内容和体裁的影片中既锻炼了英语听力水平，又直观地感受到英语文化中有别于汉语文化的部分。教师还可以鼓励学生在看完电影后写观后感，记录下影片中不同的英语文化知识，从而加深对英语文化的认知和理解。电影作为一种特殊的视觉艺术，在文化表达方面具有独特的优势。因此，通过定期播放英语电影培养高校学生的英语文化水平是一种较为可行的方式。

2. 重视英美文化课程教学

如今，《英国文学》《美国文学》《英语国家文化概况》等相关的英语文化课程在高校一般只对英语专业的学生开放，但笔者认为，在高校英语教学中，教师对英语专业学生的文化学习应该提出更高的要求；对于大多数非英语专业的高校学生，教师也应在英语课堂上结合教材内容，补充必要的英语文化知识，以促进学生对课文的深入理解。

此外，课堂上的学习时间毕竟是十分有限的，教师要引导学生在课外加强英语文化知识的学习，例如，教师可以推荐一些英文版的文学作品、报刊、新闻让学生在课外进行自主阅读。通过阅读英文报纸、杂志，学生不仅可以学习到更多的英语词汇和地道的英语表达方式，还可以了解到很多课本上没有的英语文化背景知识。

3. 发挥外籍教师的优势

高校不同于中小学课堂，中小学的英语课程一般只由英语教师负责教学，而每所高校几乎都会聘请外籍教师进行辅助任教。然而外籍教师在高校中大多被分配到口语课和写作课中，鲜有外籍教师教授英语文化课程。因此，笔者认为，高校可以充分发挥外籍教师的这一优势，既可以在高校开设专门由外教所任教的英语文化课程，也可以要求他们在上课时多教授英语国家的文化知识。毕竟外籍教师是英语国家本族人，对英语文化总会有更加全面、深刻的了解。作为英语教师，应该让学生明白，仅仅掌握英语的语言形式并没有完全学会英语，只有同时掌握语言行为规则和英语国家文化，才能正确、得体地使用英语进行交流。

4. 开展相关课外活动

英语的学习应是课内与课外相结合、理论与实践相结合的过程，只有学以致用，语言才能发挥出其应有的价值。高校学生已是成人，已经具备了一定的自主学习能力。因此，教师除了在课堂上向学生强调英汉文化差异的重要性和渗透英语文化教学外，还应鼓励学生在课后利用互联网等多种渠道自主收集英语国家在政治、经济、文化、生活等方面的新闻信息，以补充课内英语文化知识的学习。另外，高校还可以开办一些英语文化知识讲座和英汉文化差异类竞赛，引导学生参与到多样化的英语文化知识的学习中，使学生在丰富的课余生活中感受到英汉文化的差异。

总之，培养学生的跨文化交际能力、提高英语综合运用能力是一个长期的过程。英汉文化差异将对英语教学产生直接影响，为了提高英语学习的质量，高校和教师都应十分重视文化差异在英语教学中的作用。英语和汉语所属民族不同，其相应的历史、习俗、环境也不一样，中英两种语言在价值观念、表达习惯等方面都有很大差异。教师在教学过程中应有意识地向学生渗透英语文化知识，并与汉语文化进行对比，以提高学生的英语学习能力和跨文化交际能力。

五、新时代大学英语汉译英教学策略

长期以来，我国的英语翻译教学“只是英语专业的专利，非英语专业的翻译教学基本是浅尝辄止，既没有专门研究翻译课如何上的理论，也没有系统化的教学法指导”，直到 2013 年 12 月 CET（全国大学英语四、六级考试）引入短文汉译英题型后，情况才开始有所改变。大学英语翻译教学不再游离于大学英语教学研究的边缘，相关理论研究成果逐渐丰富。

不过，由于研究者普遍忽视英语专业与非英语专业翻译教学的差别，大学英语翻译教学依然缺乏“系统化的教学法指导”，并普遍存在以教学翻译（包括帮助学生理解的词汇翻译和用于讲解语法规则的逐字逐句翻译等）代替翻译教学的情况，甚至在很多高校，汉译英教学俨然成为大学英语教学中“教也不是，不教也不是”的“鸡肋”。

大学英语翻译教学的特殊性何在？汉译英教学到底是不是大学英语教学中的“鸡肋”？如果不是，大学英语汉译英教学又该如何开展？本部分内容对这些问题进行了研究。

（一）大学英语翻译教学与英语专业翻译教学的差别

必须承认，我国的英语翻译教学长期以来“只是英语专业的专利”是有原因的，那就是相较于大学英语翻译教学，英语专业翻译教学的“利好”因素更多。

1. 课时因素

翻译是一门科学，有自身的规定性并涉及很多的翻译技巧。同时，它又是一门实践性很强的学科，国内翻译界素有“笔头未过百万字，不可轻言翻译”之说。作为“重量级”的专业课，各校英语系的翻译课一般都要开设两个学期，每学期不会少于 30 学时，否则很难完成翻译基本理论、英汉互译技巧，以及必要的跨文化知识的教学，更不要说通过实践促进学生学以致用了。显而易见，作为公共基础课程的大学英语课很难给翻译教学分配如此多的学时。

2. 学生因素

作为专业课，各校英语系的翻译课在起始时间上虽然不尽相同，但肯定安排在学生完成专业基础课后，这个学习起点是任何处在大学英语课程学习阶段的非英语专业学生所无法企及的。同时，毋庸讳言，非英语专业学生在英语学习目标上，较之英语专业学生普遍“短视”，以通过 CET 为第一要务者居多，鉴于短文汉译英题型的分值低于听力、阅读，也不像写作那样严格限制考试时段，考题又具有“得分易，得高分难”的特点，学生“懒学”也就在所难免。对此，新东方英语学校功勋教师董仲蠡就经历过因为讲四级翻译时旁征博引而产生被质疑“你就是在浪费我们的时间”的尴尬。

3. 教师因素

不与科研相结合的教学是“贫血”的教学，不与教学相结合的科研是“缺氧”的科研，师资建设的最佳途径是给教师提供持续的教研结合机会，而目前“没有系统化的教学法指导”的大学英语翻译教学在本质上是与科研脱节的，这就决定了再优秀的翻译师资在大学英语队伍中也是“无用武之地的英雄”；而“术业有专攻”的英语翻译课教师则在上升空间方面具备了巨大的优势。

4. 其他因素

除上述三点外，教材、班额、配套课程等也可能成为制约某些高校大学英语翻译教学提升的非共性因素，因在各校的体现不同，在此不做赘述。简言之，就是公共基础课和专业课的差别，将后者的教学经验“平移”到前者只能是“一厢情愿”的纸上谈兵。

（二）加强大学英语汉译英教学的时代意义

虽然受困因素很多，但大学英语汉译英教学被视为“鸡肋”却是不恰当的。众所周知，翻译活动是中外文化交流与互通之舟桥，国际化人才是社会主义建设中的宝贵资源。遗憾的是，据统计，截至 2014 年，我国能够胜任翻译工作的合格人才缺口高达 90%，市场上高水平的翻译大约只占 5%，以至于有人无奈发出“千万学子习英语，翻译人才缺九成”的调侃，这对于我国的改革开放和经济发展非常不利。究其原因，在于翻译教学只面向占比不足 10% 的英语专业本科生和翻译专业研究生，且一般以文学翻译教学为主。尽管非英语专业学生在大学英语基础阶段学习完成后，还可通过专业英语类后续课程提升翻译能力，有些院校还开设了各种翻译类公共选修课，但这种课程的受困因素同样很多，教学水平实难保障。

进入新时代，随着中国在全球治理中逐渐由“参与者”过渡为“引领者”，培养国际化人才、增强国家文化软实力成为新的历史任务。因此，CET 考试引入短文汉译英题型可谓恰逢其时。正视汉译英教学，努力提高非英语专业学生的汉译英水平，理应成为新时代大学英语教学改革的目标和特色之一。

（三）加强大学英语汉译英教学的策略

1. 发挥好英译汉教学的正迁移作用

由于 CET 的反拨作用，很多人都认为大学英语翻译教学理应以汉译英教学为主，这是不科学的。作为大学英语翻译教学的“一体两翼”，英译汉与汉译英之间存在着非常强的迁移（也叫“助长性迁移”，即指一种学习对另一种学习起到积极的促进作用），相辅相成地开展才能发挥出教学的最大效益。教育部发布的《大学英语教学指南》设定了对汉译英与英译汉相同的教学目标，就是对此最有力的诠释。

2. 加强相关网络教学平台建设

专业差别与学时多寡，能束缚教师，却妨碍不了学生——在现实中通过自学完成“跨界逆袭”的人比比皆是，如上文提到的董仲蠡老师，就是从法学专业转行英语培训的。

事实上，新时代也是“利用数字技术，通过计算机网络、无线通信网、卫星等渠道，以及电脑、手机、数字电视机等终端，向用户提供信息和服务的传播形态”的新媒体时代，学生拥有多元化的学习渠道，传统课堂所具备的资源优势正日渐消失，这意味着今后由各种形式的自主学习引发的“跨界逆袭”将成为新常态。而 O2O（线上线下）教学在高校的各科目教学中的大行其道，也是适应这种新常态的必然结果。

当前对于大学英语汉译英教学（或者说大学英语翻译教学）来说，实施 O2O 教学同样势在必行。因为在网络学习平台上，再多的翻译专业知识、跨文化知识、实践任务乃至教学视频等，都能够得到永久展示，学时将不再成为问题。

3. 强化学生翻译自主学习意识

众所周知，O2O 教学对学生自主学习的自觉性要求很高。如何调动学生花时间上网自主学习翻译知识，是大学英语教师开展汉译英教学（或者翻译教学）的最大考验。建议在布置线上学习任务时，多做些因势利导的工作，阐明翻译能力是与听、说、读、写并重的语言技能与语言运用能力的衡量依据，提高非英语专业大学生的翻译能力，不仅能促进其听、说、读、写等综合能力的发展，而且对他们的后续教育和未来工作同样有深远的影响，让学生明白学好翻译课程的重要性，进而激发起他们自主学习的积极性。

4. 注重培养学生正确使用词典的能力

在《大学英语教学指南》中，无论是“基础目标、提高目标”还是“发展目标”，涉及翻译的内容都有一个关键词：借助词典。

作为服务于翻译学习与实践的必备工具书，词典不是万能的，可没有词典也是“万万不能的”。一方面，在翻译技巧教学中，第一讲通常就是“词义的选择”，因为作为“没有最好，只有更好”的“遗憾的艺术”，翻译需要在选词上反复推敲、精益求精，“一名之立，旬日踟蹰”离不开词典的推动。更重要的是，教育界“教是为了不教”的至理名言，也是大学英语翻译教学的不二法门，须知“笔下未过百万字，不可轻言翻译”针对的是学生，而不可能是他们的老师。另一方面，语言具有主观性，即每个人在交流的时候，他说的每一句话都会打上自己的个性标签。这种个性化往往只能为少数人服务，是“不规范”的代名词，因此语言主观性对翻译教学有很强的负迁移（一种学习对另一种学习所起到的干扰或抑制）作用。因此，在传统的词典编纂中，例句一般都选自经典文学作品或纸质主流传媒，并筛除带有主观性倾向的语句。但随着新媒体时代的到来，内置于智能手机中的电子词典（所谓的“手机词典”）悄然取代纸质词典成为学生英语学习的“标配”。在给自主学习带来极大便利的同时，也无限放大了语言主观性对非英语专业学生翻译学习的负迁移作用，因为它所提供的海量例句多数选自国内双语网站，个性化很强却缺乏权威性。在“短平快”的查词过程中，学生往往只是记住了单个单词对应的某个中文意思，而对于单词使用的语境全然不知。此外，学生本身在使用词典时也会出现主观性倾向，研究者的实验证实：在查询双语词典进行翻译实践时，学习者倾向于选择多个可选对等词中的第一个，一旦遇到多义词条，他们就会陷入“第一对等词”倾向的泥淖。

因此，指导学生正确地选择和使用词典，是大学英语翻译教学必不可少的一环，要教会学生摒弃简单化地“寻找对等语”的使用动机，养成从词典例句中习得词汇用法的查阅习惯，并重视词汇类连接、固定搭配、常用句型等知识，提高词汇的运用能力和英汉互译的准确性。

5. 积极创新课堂教学方法

开展 O2O 教学后，课堂教学不再是大学英语翻译教学的“主线”，传统的教学翻译法已不合时宜，教师需采用更加灵活的教学手段，以方便学生对线上学到的翻译知识融会贯通。

譬如，根据英译汉与汉译英之间的正迁移理论，采用“反向教学法”，即在精读课上先把汉语译文交给学生去翻译，然后带领学生对比英语课文，引导其评判自己翻译的水准，回顾自己翻译的过程，总结自己翻译的得失。

又如，根据语料库对语言学的研究，自然语言中存在着大量的兼有句法和词汇特征的固定或半固定的语言结构，这些模式化的结构以整体形式储存于大脑中，构成了英语中最基本的语言单位，即语块（又称“预制语块”）。在大学英语翻译教学中，可采用“语块教学法”，利用语块集词汇、语法、语境于一身，以一种固定或者半固定的形式储存于人们的大脑之中，使用的时候无须再次加工，可以直接快速地提取、生成目标语言，帮助学生在翻译练习中增强语用意识，使学生注意到自己和英语母语者的差距，并努力缩小这种差距。

大学英语翻译教学与英语专业翻译教学存在诸多差异，长期以来，这种差异未得到应有的重视，致使短文汉译英题型虽然被纳入全国大学英语四、六级考试多年，但仍无法充分发挥其对大学英语教学的反拨作用，难以为新时代发展需求提供有效支持。“研究规律，改进教学”是当前加强大学英语汉译英教学的重中之重，灵活运用 O2O 教学法，有助于从根本上化解教学矛盾，值得提倡。

第四章　核心素养下高校英语教学的理论概述

第一节　相关理论基础

在教育体系中，英语学科在培养学生英语思维和核心素养方面起着至关重要的作用。在互联网时代下的高校英语课堂教学的发展中，英语课程标准对英语课堂教学提出了新的指导，具体包括以下内容：第一，精选教学内容；第二，重视以学科大概念为核心；第三，促使课程的内容结构化；第四，以主题为引领；第五，使课程内容情境化；第六，促进英语核心素养的落实。基于核心素养的英语教学应该更符合对学生的英语核心素养的培育。

对于互联网时代下的高校英语课堂教学而言，从研究基础上来看，其符合以下四个特点：第一，落实国家的要求，符合立德树人的标准；第二，围绕英语课堂教学，并针对两者的关系开展研究；第三，探究了教学在英语课堂教学中的运用，分析了对学生核心素养的培育方式；第四，落实了英语课堂教学的改革培养目标。

与此同时，在互联网时代下的高校英语课堂教学中，还做出了以下贡献：第一，改善了教师的教学理念；第二，探索了更加有效的教学方式；第三，明确了学生核心素养培育的关键作用；第四，使学生借助英语学习，提升了核心素养。不仅如此，在互联网时代下的高校英语课堂教学中，英语教师通过英语课堂教学改变了学生的学习方式，提高了学生的学习动力，培育了学生的英语思维与英语核心素养。

在互联网时代下的高校英语课堂教学中，对教师英语知识与技能提出了要求，教师必须要引导学生了解英语课堂教学的基本方法，培养学生的英语思维意识。在互联网时代下的高校英语课堂教学中，其要求发挥学生的认知力、创新力，以及综合探索的能力，体验学习带来的愉悦感和成功感。互联网时代下的高校英语课堂教学其具有以下特点：第一，具有一定的互动性；第二，具有一定的实操性；第三，具有一定的综合性；第四，发挥学生的学习自主性；第五，发挥多元智能的协同性；第六，发挥学生知识技能的建构性。这些课程特性，需要选择相应的、行之有效的理论方法支撑。

事实上，在人类经济、文化命运共同体的体制中，我国新课改理论尽管借鉴、吸收了当今国际上不少优秀的教育理论，但结合课程教学内容和需求，这里有必要从学理、依据上阐述其所涉及的有关理论和方法。

一、多元智力与元认知理论

多元智力理论：传统的智力理论如智商理论、皮亚杰的认知发展理论都认为，智力是以语言能力和数理逻辑能力为核心、以整合方式存在的一种能力。而今更提倡的是霍德华·加德纳提出的多元智力理论。其在《智力的结构》一书中提出智力的本质，即“在一定的社会文化背景下，个体用以解决自己面临的真正难题和生产及创造出社会所需要的有效产品的能力”。他的理论不再以一种或是某几种能力为重点，而是提出八种智力，提出人们不应该仅仅只关注其中一种。从当今的基础教育改革看来，加德纳的多元智力新理论有几个突破：在教学教育中，对于学生而言，智力不再以数理逻辑能力为主；在教学教育中，对于学生而言，智力更强调自主学习能力；在教学教育中，对于学生而言，智力更强调创新能力；在教学教育中，对于教师而言，其需要引导学生对内心体验感到好奇，与此同时，其还需要引导学生从各种自知、自省中获益。这为学生的学习活动提供了很好的指导，具体包括了以下内容：第一，自我指导的独立学习；第二，寻找机会想象；第三，在安静中工作和反思。

当今社会需要的是富有创造性和批判性的思考者，而那些强调答案非对即错的教育方法，显然不能使学生提升核心素养。互联网时代下的高校英语课堂教学可以引导学生从多种角度进行思维训练，让聚合思维和发散思维相互作用，从而训练学生拥有学习的能力，促进学生的学科核心素养的培育。

二、人本主义理论

人本主义学习理论兴起于20世纪五六十年代，是行为学派和精神分析以外的心理学第三势力。人本主义理论是在反对以“知识为中心”的传统教学思想之上，根据“以人为本”的教育理念而提出的以“学生为中心”的教学思想。人本主义学习理论在教学上体现为以下几方面：

（一）有意义的自由学习观

人本主义代表人物罗杰斯主张的教学目标是培养人格独立，具有创造能力，适应时代变化，最终能“培养全面发展的人”。人本主义这一教学目标体现了知识教育、认识能力和情感发展三者的结合，因此成了人本主义教学观的核心思想。要想成功实现课堂中的自由学习，关键在于教师首先要信任学生，信任学生的学习潜能。只要抱有这种信任的态度，并愿意让学生自由学习，就会在与学生的交往中逐渐形成适应自己风格、促进学生学习的最佳方法。学生在自由学习的过程中完善自己的人格，教师要帮助学生实现自身的价值和发掘自身的潜能。

（二）学生中心的教学观

学生中心的教学观也称“非指导教学模式”。非指导教学模式强调学习者在学习中的主体作用，教师只是“助产士”与“催化剂”，教师要与学生建立起融洽的关系，促进学生的成长。其教学过程是以培养学生的情感为目标，学生在教师的引导下，进行积极的情感体验。

（三）知情统一的教学目标观

人本主义学者、美国心理学家C.R罗杰斯认为，精神世界有两个层面：情感和认知。这种教学观不仅重视学生对知识的学习，而且尤其强调学生的情感在学习中的作用。认为教育目标就是培养“全人”，从课程内容的选择、教学方法的运用到学习效果的评价，都应该以学生为中心，培养适应变化和知道如何学习的人。

三、建构主义理论

在实际中，由于互联网时代下的高校英语课堂教学过程突出地体现为一种知识、能力的建构性，从而呼应了当今国际教育理论中位居主流、普遍认同的建构主义教育学说。这主要体现在建构主义在广泛汲取前人知识理论的基础上认为，知识不是通过教师传授得到的，而是学习者借助于他人的引导、借助于自主学习过程主动建构的。学习过程，是一个学习共同体合作互动的认知体验过程。学习共同体，是学习者与同学、教师、专家等助学者共同构成的团体。这一团体，利用并相互构成必要的学习资源，且不断通过意义建构的方式，形成对象关系。这种关系，既强调学生的认知主体地位，又重视教师的主导作用，对这一关系的形象比喻，就是教师像是助产士，学生在教师及他人的帮助下，自己分娩知识。

一般而言，建构主义的知识观与学习理论强调三点，即学习的主动构建性、社会互动性和情境性。建构主义者在发展建构论的同时，不断试图从新的视角对学习和教学做出新的解释，从而不断带来新的综合发展。在建构主义中，对如何看待知识这一问题，他们大多主张知识具有动态性，认为在一定程度上，知识是一种解释或假设，会随人类进步不断被推翻，也会随情境变迁而被再创造。理解取决于个体特定情境下的学习历程，且只能由学习者基于自身经验背景建构起来。对于如何理解学习活动，他们也普遍认为，学习是学生建构自己知识的过程。在对待学习者的态度上，他们认为教学不是知识的传递，而是对知识的处理和转换。由上显见，建构主义总体强调学习的非结构性、具体情境性、学习中的社会性，以及三者间的交互性关系和作用。综上所述，现代建构主义学习理论的基本观点可以归纳为以下四点：

（一）学习是学习者的社会互动活动

正如互联网时代下的高校英语课堂教学，既要通过互动、合作的方式进行头脑风暴，又要鼓励突破成见、独立思考和个性创新，从而培养学生的发散性思维，在多角度、有个性地认识、讨论英语的做法等问题与假设中，形成各自的认知结构。

（二）学习是学习者的主动建构活动，是学习者在原有知识经验基础上建构内在心象、新知和新意义的过程

如互联网时代下的高校英语课堂教学，要求行思并进、心物互化，变无意义的机械接受为有意义的活动，使学习成为主动思考、自主创造的建构性过程，也是英语课堂教学的主要目标和要旨。

（三）学习是在具体社会情景和交往中实现的

学习由学习者来践行，而学习者和其学习内容本身，不可能孤立于社会现实生活之外。如互联网时代下的高校英语课堂教学，要求在交往中实现自主学习，使学习在集体合作下进行的头脑风暴中形成更深层的发散性思维，培养英语思维和英语问题处理能力，这是英语课堂教学的目标和意义。

（四）学习的结果是知识的形成或意义的表征

在建构主义学习论中，知识是以网络结构存在的而不是以层级结构存在。新知识与旧知识的建构使外界事物被人类重新书写。如互联网时代下的高校英语课堂教学，要求学习者运用对原有知识的主观能动性进行自主学习，皮格马利翁效应会让学生产生积极的教学成果，但是获得知识的多或少大部分取决于学生的自身因素。因此积极构建使个体在原有知识的基础上进行微创新，从而达到最佳学习效果，这是互联网时代下的高校英语课堂教学的最终目的和根本。

四、学习教学实践的方法、原则

学习教学实践的落实，不仅需要理论观念的支撑，同时也需要恰当的方法、原则的支持。本书从两方面简要讨论所涉及的问题。

学习教学中的应用方式：第一，制订计划并营造氛围。在学习之前，计划是非常重要的，如果能先把计划列出来，并严格按照这个计划进行学习，学习的效果会事半功倍；第二，培养良好的学习行为习惯。在英语学习中，良好的学习习惯至关重要。良好学习习惯的培养，会提高学生的自主学习兴趣与学习积极性，引导学生完成主动探索、主动学习的目标。为此，教师可以采用以下方式：第一，在预习时，要求学生做到主动思考，除了基本元素，还可以有哪些元素可以使用；第二，引入合作学习，将学生划分为不同

的小组，以小组的内部学习，促进学生自主学习习惯的培养，提升学生的自主交流能力与主动学习意识。当然，教师需要认识到，良好学习习惯的养成，需要教师进行长期的引导，使学生在主动学习过程中，形成良好的学习习惯；第三，激发学生学习的直接兴趣和间接兴趣。心理学研究表明，学习兴趣的水平能对学习效果产生影响。因而，在互联网时代下的高校英语课堂教学中，教师需要激发学生的学习兴趣。如何激发学生的学习兴趣呢？首先要抓住教材中学生感兴趣的点，让学生在兴趣中学习。在互联网时代下的高校英语课堂教学中，想要引导学生学习，还需要切实把握住学生学习的起点，也就是“最近发展区”。低于“最近发展区”或者高于“最近发展区”，学生都是不感兴趣的，也就无法学习，所以要做到因材施教；第四，学习的合作性。在互联网时代下的高校英语课堂教学中，教师可以引导学生开展合作学习，以互帮互助，共同思考、探索的过程，提高学生的自主学习兴趣，培养学生的自主学习习惯。值得注意的是，学生应该根据自身的要求和特点选择同伴；第五，自我检查和反省。引导学生开展自我检查与反省，关注问题，并积极调整。只有知道自己的不足，并且不断改正，才能更好地促进学生学习。

教学中的方法、原则：第一，目的性原则。首先，在互联网时代下的高校英语课堂教学中，教师要将教学目标具体化，将教学活动目标化，以教学目标为引导，制定教学措施，依据学生的学习需求与认知特点，将教学目标融入学生的学习目标中，从而推进教学活动，完成教育目的。互联网时代下的高校英语课堂教学的最终目的是教会学生如何思考并主动构建认知结构，而我们要做的就是让学生在适宜的时候将教育目的转化成自己所需的；第二，理论联系实际原则。在互联网时代下的高校英语课堂教学中，教师要依据学习知识，引导学生借助理论联系实际的方式，思考问题、分析问题，从而内化知识、形成结论，并将这种方式运用到实践中，做到学懂会用、学以致用。我们将英语课堂教学的学习方法运用到其他实践当中，是学习迁移最基本也是最重要的方式；第三，启发性原则。在互联网时代下的高校英语课堂教学中，引导学生、启发学生，激发学生的学习欲望，促进学生对知识的探索，从而锻炼英语思维能力；第四，因材施教原则。在互联网时代下的高校英语课堂教学中，从实际情况、个别差异出发，有差异地教学，适应个别差异，培养学生优势，我们要在英语课堂教学课程的课后进行反思评价。

第二节　相关研究探索

核心素养研究是一种国际共识。2002 年，美国建立了技能 21 联盟，并制定了技能 21 框架，将学校、企业、社区和政府部门作为合作伙伴，努力发展学校教育中的核心技能和素养。2000 年以后，日本针对新世纪的教育发展提出了“21 世纪型能力”体系，能力体系的培养重点从“生存能力”转向“思维能力”，这也就意味着要加强语言、数理、创新和实践能力的培养，构建日本特有的核心素养体系。英国与“核心素养”相关的词汇包括素养、技能、基础技能和关键技能等，英国素养课程的教学具有明显的情境性特征，这种特征决定了教师会将教学活动拓展至更广阔的领域，让学生在真实体验中获得知识和发展。在基于核心素养视域下如何进行课程改革，一些国家已经探索出了一些方法：注重学生的全面发展与能力培养，注重课程之间的相互关系与学科间的相互融合，在课程中融入学业质量评价标准，提升教育质量。

我国的课程改革从之前重视基础知识、基本技能的“双基”时期到2001年新课程标准实施提出的“知识与技能、过程与方法、情感态度价值观”的“三维目标”时期，再到2015年普通中学课程标准之后所倡导的“学生应具备的、能够适应终身发展和社会发展需要的必备品格和关键能力”的素养时期，这一时期产生了英语学科的核心素养。

联合国教科文（UNESCO）则以终身学习为指导思想，1996年在《学习：财富蕴藏其中》的报告中提出，对于终身学习而言，其具体涵盖了以下内容：第一，终身学习需要具备的技能是学会求知；第二，终身学习需要具备的技能是学会做事；第三，终身学习需要具备的技能是学会共处；第四，终身学习需要具备的技能是学会发展。在2003年，其又提出：终身学习需要具备的技能是学会改变，并视这“五学支柱”为社会公民所必备的基本素养。

在此基础上，2013年在《向普及学习迈进——每个孩子应该学什么》报告中强调，对儿童及青少年而言，在素养问题上，最为关键的有以下几点：核心素养涉及身体健康；核心素养涉及社会情绪；核心素养涉及文化艺术；核心素养涉及文字沟通；核心素养涉及学习方法与认知；核心素养涉及数字与英语；核心素养涉及科学与技术。

欧盟于2000年在里斯本举行高峰会，并发布了《多样化体系与共同的愿景：2010年欧洲的教育与培训》，指出“核心素养”将对公民素质及欧盟的竞争力产生巨大的影响。2005年，发表《终身学习核心素养：欧洲参考架构》对核心素养进行了界定，并提出了终身学习的核心素养，具体包括：第一，母语交流；第二，英语交流；第三，英语素养；第四，科技素养；第五，数字化素养；第六，主动与创新意识；第七，学会学习；第八，社交和公民素养；第九，文化意识与表达。

人类历史上，从中国先秦到西方古希腊，有关学习问题的观察思考，可谓源远流长，随着社会发展和科学文化的不断细化与互动，人们对“人”的认识和其存在本质的理解不断扬弃和深化。

从国外看，古希腊就有很多关于学习的思想。其中最典型、影响最深远的代表性思想学说是“产婆说”。所谓“产婆说”，即指由古希腊哲学家苏格拉底最早提出的著名的“产婆术”理论。这一理论认为，教师的任务定位，是要做一名“知识的助产婆”（现代称“助产士”），教学过程，也就是教师协助学生自我“分娩”（产生）某些观念的过程。不只是如此，在方法论意义上，还包含教学实施三步法，第一步叫“讽刺”。在苏格拉底的眼中，这是提高一个人的能力，使人变聪明的必要环节。第二步叫“定义”，即在教学问答中，通过不断地创设难题，频繁地提问学生，使学生不断归纳知识、思考知识、内化知识。第三步叫“助产术”，引导学生进行思考，形成自己的理解，掌握知识的内核。

值得注意的是，“产婆说”影响至今，可以说与其所包含的“问答法”分不开。换句话说，在包含有古典理想主义、近现代实在主义（唯实论）、实验主义（实用主义）等近现代的各种教育思想遗产中，“问答法”是一种带有但不限于实验主义的建构主义“问题教法”。在这种以探讨和辩论为主要形式的教学方法中，教师不能直接将知识灌输、传递给学生，而是通过向学生提问，与学生交谈，与学生争辩，诱导学生，暗示学生，从而引导学生产生思考。在这种教学方法中，教师可以引导学生逐渐拨开问题的迷雾，去除非本质问题，把握问题的关键。由于这种教学方法重视学生的“行思并进”“学思结合”，从而在教育发生的本原性上，也与中国古典教育思想不谋而合。所谓“学而不思则罔，思而不学则殆”，就是要求教师通过教学设计、组织教学等手段，激发学生的发散性思维，使之主动寻求问题的答案，把存在于学生内心和既有经验中的知识因子导引出来。所以教师的主要作用在于引导学生学习，促进学生的内部交流，汇聚内部核心力量，引导学生通过集体学习，发现问题的本质，体会互帮互助学习的乐趣与成就感。

20 世纪二三十年代先后出现了以自主学习为中心的教学方法，例如，设计教学法、道尔顿制等，都旨在激发学生的学习动机，在教师的指导下，学生自己确定学习内容、买参考书等。20 世纪 60 年代后期，建构主义理论、元认知理论、教育解释学等对学习进行了更本质的探究。从以上看出，国外对于学习教学研究已经有近百年的历史，尽管对于学习的研究还存在一些差异，但是依然在逐步发展，走向完善。

20 世纪初，随着“西学东渐”，自主学习也进入了人们的视线，并逐渐得到重视，步入了正规化阶段。20 世纪 70 年代，我国的学习模式进入了制度系统化阶段。上海清浦中学顾冷沅老师和嘉定中学钱梦龙老师、辽宁盘锦二中魏书生老师等都纷纷进行了关于学习的教学实验，且时间都比较长，这代表着中国开始有了自己规范化的学习范本。到了 20 世纪 90 年代，社会各类专家对于自主性学习、学会学习等都进行了本质的研究，使各类研究成果开始向着纵深方向发展，使研究呈现出全面化、深入化的状态。例如，1995 年的福建省，进行了英语“指导—自主学习”的教学实验改革，目的是为了把自主学习更好地运用到每个学生身上，改变教学的结构和教学的活动，促进学生的自主性发展。

《基础教育课程改革纲要（试行）》提出了促进学生主动参与，培养学生多方面能力的目标。这一目标，使学生改变学习方式，倡导学习现代教育方式改革。改革中也提出由教师传授知识，学生被动接受知识转变为教师引导学生探求知识，去主动学习知识；由单一的教学模式转变为多样化的综合教学。安徽省望江中学骨干教师李细萍说过：“把眼睛还给学生，让他们去观察；把大脑还给学生，让他们去思考；把嘴巴还给学生，让他们去表达；把双手还给学生，让他们去操作。”以教育部的重视程度到各位老师落到实处，种种迹象表明，我国的自主学习教学研究已经进入了空前的繁荣期，成了教育中的一大热点。在教学手段上，教师需要指导学生借助信息化方式，主动开展学习，完成思考，内化知识体系。

美国则以职业技能为导向，创建了“21 世纪技能联盟”（简称 P21），并于 2002 年正式开展了 21 世纪核心素养研究项目。核心素养中包含了三个维度：第一，涉及学习与创新素养；第二，涉及信息媒介与技术素养；第三，涉及生活与职业素养维度。

2016 年 9 月，中国学生发展核心素养的框架及内涵在由北京师范学校举行的成果发布会上公布，核心素养被界定为“学生在接受相应学段的教育过程中，逐渐形成的适应个人终身发展和社会需要的必备品格与关键能力”。核心素养具体包括以下几方面：涉及文化基础领域；涉及自主发展领域；涉及社会参与领域。核心素养表现为六个突出的素养：涉及人文底蕴；涉及科学精神；涉及学会学习；涉及健康生活；涉及责任担当；涉及实践创新。十多年来，素质教育取得了一些成就，也获得了一些宝贵的经验，但素质教育推行过程中出现的一些问题和不足也是不可否认的，核心素养的提出则是对素质教育的进一步深化和完善。

国内对于核心素养的研究可以追溯到 2012 年。国外对核心素养的研究相较于国内较早，而对于学科核心素养的研究国外暂无此说法，是中国学者根据我国教育实际情况，为了与学科更紧密地联系，独创了“学科核心素养”的概念。正是源于此，我们的英语核心素养才得以应运而生。为了启动英语课程标准的修订，教育部开始着手制定《中国学生发展核心素养》，继而又在此基础上，《英语课程标准》修订工作组根据本学科的学科特性凝练出英语学科的核心素养。

第五章　核心素养下的大学英语教学模式

社会的迅猛发展向大学英语教学发出了更高层次的挑战，为了更好地使英语教学与社会的需求相适应，进行相应的教学改革并探索与社会相适应的教学模式势在必行。本章就围绕教学改革背景下的大学英语教学模式进行探讨和分析，具体涉及任务型教学模式、情感教学模式、多媒体教学模式以及网络化教学模式。

第一节　任务型教学模式

任务型教学模式不仅是新课程标准极力倡导的一种新颖的教学模式，而且也是为适应教学改革而提倡的一种教学理念。该教学理念有效克服了传统英语教学中语法教学同实际运用背离、语言形式同语言运用割裂的不足。为了对任务型教学模式有更加系统、清晰的认识，下面就结合任务型教学模式的产生背景、基本模式以及优势与局限等进行具体分析。

一、任务型教学模式的产生背景

任务型教学模式的产生在很大程度上受近些年来在语言习得方面对英语教学的影响比较大，是具有代表性观点的交际法。一提及交际法，通常还会涉及“交际能力”这一概念，该概念最早是由著名的社会语言学家海姆斯（D.H.Hymes）提出来的，其认为交际能力包括语言能力、语言运用这两大方面的内容。继此之后，交际法的教学目的就体现为交际能力。

交际法从 19 世纪 70 年代起就开始盛行。根据交际法的观点，人们通常所说的语言包括语法、词汇和语言功能这几大方面的内容，如表达建议、请求原谅等。交际法要求学生在说和写的过程中，务必要意识到正确使用语言的必要性，并且还应注意符合说话人、对话人的身份以及场合等。交际法还认为应创造一种与现实生活相贴近的课堂环境。如果学生能够充分地接触他们所要学习的语言，就有机会使用它。学生在真实、与生活贴近的环境中学习语言，其学习热情也能被充分激发出来。如此一来，在具体的实际运用中，学生也能够自如、广泛地使用该语言。

交际法具有很大的优势，其优势主要表现在能让学生兼顾语法规则（语法的学习）和用语言进行交际这两大方面。除此之外，交际法并不过分苛求纠正语言错误，该教学法还认为对英语的掌握是从不完善的中介语逐步过渡到不出错地完善语言这一过程的。诸如此类的新思想、新观点都得到了很多教育家的支持和赞赏。但是，也有一部分教学法理论家质疑这种教学模式，他们主要针对以下两点内容提出了质疑：（1）在交际法的具体运用过程中仅重视语言意义却忽视了讲解语言形式；（2）在学生使用语言进行交际时仅注重语言的流利度而忽视语言的准确性，但是在处理如何更好地规避这些错误和放任自由的现象时，却有失妥当。

到了 19 世纪 80 年代，普拉布进行了一场有关交际法的实验，该实验名称为班加罗尔实验，实验的对象为印度南部地区 8~12 岁的小学生，实验历时 5 年之久。在这一实验中提出了很多实验的类型，同时还将学生学习的内容设计为各种各样的交际任务，旨在让学生通过任务的完成开展相关的语言学习。普拉布的这项实验引起了语言学界的广泛关注，并被认为是将“任务”作为课堂设计的第一次尝试。该实验也成了任务型语言教学的开篇。随后，越来越多的语言学家陆续投入有关任务型语言教学的研究热潮中。纽南（NUnan）、简·威利斯（J. Willis）等人都将任务看成探讨的关键，并从不同角度对交际任务进行理论层面的探索和实证的研究。很多学者逐渐意识到，语言的输入并不能保证语言的习得，语言习得的关键因素为交互活动、意义协商、语言输出等，只有任务得以完成，学习者才能更有效地进行交互活动、意义协商、语言输出。只有进行不断、持续的深入探讨，任务型语言的体系才能升华为理论模型，进而被人们广为接受。

二、任务型教学模式的基本模式

有关任务型语言教学的理念层面的研究要远远多于实践的研究。在诸多关于任务型语言教学模式的研究中，英国著名语言学家简·威利斯的研究最为典型。他将任务型语言教学的理念完美再现。

任务型教学的基本模式包括前任务阶段、任务环阶段以及语言焦点阶段。

其中，前任务阶段就是任务前阶段的另一表述，这一阶段作为起始阶段，主要给学习者提供对其有益的语言输入，通过一些有益内容的语言输入来帮助他们熟悉将要展开的话题、对新词以及短语等进行有效识别。该阶段的目的主要是使主题内容更加鲜明、突出，同时激活相关的背景知识。

任务环阶段是任务中阶段的另一种表述，该阶段主要包括“任务—计划—报告”这几大环节。在此阶段，学生结对并以小组为单位来完成任务，学生在进行具体交谈的过程中可以畅所欲言，他们的语言使用也是自然发生的。计划阶段是为汇报做准备的，此阶段从对语言流畅性的关注逐渐过渡到对语言准确性的关注上。在汇报阶段，学生可以使用正式、严谨的语言向全班的学生进行简要汇报。

语言焦点阶段是指任务后阶段。语言焦点阶段是在历经了任务环阶段之后，学生对语言已经有了整体的接触。语言焦点阶段又可进一步分为分析和练习这两个小阶段。在分析阶段，对学习者提出了具体要求，即应通过观察、分析对其中的规则进行概括和归纳。在练习阶段，教师应适当地对练习进行控制，主要是为了起到一定的总结作用。

结合我国当前英语教学环境的实际，并在有效地借鉴任务型教学模式的基础上，我国学者鲁子问提出了真实任务教学的课堂教学程序。

任务中阶段是任务型课堂的必要阶段，而任务的实现、任务的准备以及任务的反思都应围绕任务中阶段展开。

三、任务型教学模式的优势与局限

（一）任务型教学模式的优势

任务型教学模式重视学生在语言学习过程中的具体交际过程，并将任务作为活动单位，课堂教学主要由诸多连贯的任务构成。此外，任务型教学模式还强调学生间和师生间的互动，并试图创建一个自然、真实的语言情境，让学生在完成每个具体任务的过程中，借助有意义的协商、交流、做事等活动来运用语言，从而使学生的语言综合能力得到很好的发展。这一教学模式的优势主要体现在以下几方面：

（1）任务型教学模式目标具体、明确，和一般的课堂操练存在着很大的不同。这一教学模式不仅重视培养学生的自主完成任务的策略、能力等，同时也关注学生在具体任务完成过程中的参与程度以及在具体的交际活动中所获得的情感体验。因此，运用这种教学模式进行语言教学能让学生在各种各样的任务形式如小组活动、结对活动等活动中相互合作，同时实现资源的共享，学生在做中学、学中用，不仅有利于学生开展充分的自主实践性活动，而且对激发学生的学习动机也非常有益。学生在完成具体任务的过程中还可以非常明显地感觉到自己的价值。当然，一些学生还能通过亲身实践更好地认识自己的不足之处，完善自我的愿望能得到很好的满足，以唤醒持续学习和成长的内在动力。

（2）任务型教学模式以学生为中心，教师仅作为组织者、帮手、引导者等角色参与教学，在这一模式下的英语教学中，学生有更多参与合作学习的机会。学生在参与多元化学习活动的过程中不仅掌握了一些基础的英语知识，同时也获得了更多实践和交流的机会。相应地，学生的积极性也被充分调动。

（3）任务型教学模式在上课之前就将任务交给了学生，学生为了更好地完成任务，就会围绕具体任务主动进行信息的收集、归纳和整理，进而使任务中的问题得以有效解决。在这一教学模式中，学生不可能简单地运用一项语言、一项技能，而通常是运用多项技能和语言知识。

（4）在任务型教学模式中，所有参与的学生都扮演着相应的角色，并承担着一定的责任。在具体的小组活动中，运用所学语言同其他学生进行沟通、交流和分享，并在这一过程中慢慢地学会了怎样与人相处，无形中也培养了学生的团队合作精神和运用交际策略的能力。

总的来说，这种教学模式对培养学生的语言综合运用能力还是非常有帮助的。

（二）任务型教学模式的局限

上面分析了任务型教学模式的一些优势，尽管该教学模式是语言教学中一种行之有效的教学模式，并且被认为与语言习得的规律相符，但是这一模式久经尝试，在具体运用中其局限也在不同层面呈现了出来。

从教师层面来看，这一教学模式对英语教师所提出的要求相对比较高，要求教师有扎实的专业基本功，同时应对任务型教学模式有充分的理解和掌握，并能够在深谙该教学理论的基础上具备比较强的任务设计的能力、比较好的掌控课堂和随机应变的能力、组织多种多样的课堂活动的能力、教学反思能力、善于运用现代教育技术的能力以及与之相关的对任务进行评价的能力等。但是，这一教学模式引入我国的时间比较短，并且英语在我国是长期作为一门英语进行学习的，双语教学与英语教学是两种完全不同的语言教学模式。对于一些已经习惯于传统英语教学的教师来说，要想很有效地开展任务型教学模式还是存在着诸多困难的。此外，就国内来看，与任务型英语教学相关的培训也比较少，这些客观上的不利因素使一些教师要想对任务型教学模式有更系统的认识难上加难，如果一些传统的英语教师对这一教学模式不甚理解，很可能会在教学中流于形式，“旧瓶装新酒”。

从学生层面来看，很多早已习惯于传统英语教学模式的学生通常对教师的依赖性比较强，并且更加倾向于被动接受学习的模式。如果这一教学模式在运用的过程中没能很好地了解学生的接受状况，很可能会出现学生不配合的情况，学生如果不愿意主动地加入小组合作和学习中，在任务完成的过程中就很难形成师生间、生生间互动的状态，这样就很容易产生教学和学习效果费时、低效的情况。

从考试和评价制度层面来看，目前的主导思想依然是将学习重心放在题目操练和应付各类考试上，这样就无形中没有使学生形成相应的主动培养自身英语交际和综合运用能力的意识。但是，任务型教学模式的理念却与之相反，该教学模式需要学生在活动中完成每项任务，学生的精力和心思如果不在这上面，很容易产生积极性差和参与意识不高的情况。

第二节　情感教学模式

语言学习本身是一个复杂的习得过程，涉及各种各样的因素。这些因素所起到的作用会对学生学习英语的热情和动力产生直接的影响。但是，在现实的教育中存在着重知轻情这一在“知”与“情”方面教学不平衡的状况。为了使这一现象得以扭转，我国国家级教学名师卢家楣教授提出了旨在提升学生素质且行之有效的教学模式，即情感教学模式。本节就围绕与情感教学模式相关的内容进行探讨和分析。

一、情感教学的内涵

国内很多专家、学者结合自身的理解对情感教学进行了界定。下面就对几种比较有代表性的观点进行分析。

华中师范大学教授鲁子问认为，情感教学具体指的是教师在教学过程中对认知因素予以充分考虑的同时，借助一定的教学手段，通过激发、调动和满足学生的情感需求来完善教学目标、增强教学效果的教学模式。

根据吴金娥的观点，情感教学具体是指教师以教学活动为基础，运用一定的教学手段来调动、激发和满足学生的情感需求，从而努力实现认知因素和情感因素完美统一的过程，以期达到提高教学效果及促进学生全面、和谐发展的目标。

二、情感教学模式的理论基础

（一）人本主义学习观

兴起于20世纪五六十年代的人本主义心理学以马斯洛和罗杰斯为主要代表人物，这一理论的兴起在美国掀起了一股心理学的思潮，其中的人本主义教育理论就是该学习观点下的重要内容之一。根据人本主义教育理论的观点，应充分重视学习者的认知结构和学习者的情感教学，同时还应充分重视学习者个性和创造性的发展，在教学中应围绕学生这一中心，给学生以自我选择和发现自我的机会。罗杰斯还指出，在教学中应注重发展学生的个性，并使学生的内在学习动机得以充分调动，同时要求创设和谐、融洽的人际关系。

根据罗杰斯的人本主义学习观，有意义的学习与经验学习都是最为重要的学习。教师作为学习的促进者，应鼓励学生借助多元化的学习方式如讨论、探究、体验、实践等，来培养他们的听、说、读、写等综合语言技能，同时，还应对学生的情感给予充分的关注，应努力营造民主、宽松、和谐的教学氛围，对每个学生个体都给予充分的尊重。此外，对大学生而言，还应以就业为导向，将英语教学同情感教育进行有机结合，创设各种各样的合作学习活动，使学生之间形成互帮互助、相互学习、共享集体荣誉感和成就感的画面，同时应尽可能地建立民主、融洽的师生间有效交流的渠道。

（二）认知主义学习理论

认知主义学习理论也是情感教学模式的理论基础之一。根据认知心理学的观点，假如输入大脑中的信息富有实用性和趣味性,那么当这些信息到达大脑这一中心加工器时，就会产生兴奋的情感，同时会使活跃的思想、行为等快速输出。那么，如何确保所输入的信息兼具实用、趣味的特点呢？其中最为关键的一点就是要摒弃单纯地传授语言知识这一理念，而应使语言知识的传授和真实的生活有机结合起来，这样一来，更加便于学生产生兴奋点，同时也对提高学生积极参与、培养学生运用英语的能力以及用英语做事的能力非常有帮助。要想更好地培养学生在真实生活中运用英语的能力，应对所要教授的教学内容进行充分分析，同时对教学条件以及教师和学生的实际情况予以充分考虑，设计出能在课堂上展开并能在真实生活中运用的任务，将情感教学融入英语教学中，摒弃传统的以传授语言知识为主的教学模式，使课堂语言教学活动更加接近自然的语言习得过程。

根据认知理论的观点，英语学习的过程是新、旧语言知识持续结合的过程，同时还是语言能力由理论知识转化为自动应用能力的过程。通常，这种转化与结合往往需要通过学生自身的活动才能实现。那么，在学习新内容时就应充分调动学生的情感并激发学生的兴趣和思维，以最大限度地优化学习和教学效果。

三、情感教学模式的建构

（一）充分调动和激发学生动机

动机是对语言学习产生影响的基本因素之一。因此，英语教育工作者应高度重视对学生学习动机的调动和激发。要想更好地调动和激发学生的学习动机，最为关键的就是借助学生本身所固有的好奇心来激发他们的求知欲。在当前的英语教学中，最为流行的激励方式就是创设问题情境。具体而言，创设问题情境就是在内容的讲授和学生的求知心理间制造一种“不协调”，引导学生进入一种同问题相关的情景中。但是，在创设问题情境时，应确保问题小而具体、难度适当、赋予启发性和趣味性，并善于将需要解决的课题蕴含到学生实际掌握的基础知识中，在心理层面给学生制造悬念。尤其需要注意的是，所创设的问题应以不挫伤和不降低学生的学习自尊为基本前提。根据马斯洛的需求层次理论，每一个个体都以实现自我价值和追求成功为其高级需求，但是这些需求的实现还必须以爱、自尊等比较低级的需求的满足为前提。假如学生的自尊受到了一些不良因素的影响，将会产生不堪设想的后果。

（二）进行正确的归因训练和归因指导

建构情感教学模式还应进行正确的归因训练和归因指导，借此来提升学生的自信心、效能感等。事实上，归因理论是一种相对比较系统的认知动机理论。维纳的相关研究表明，成功或失败的因果归因会引起期望的改变与情感反应，进而对后继的行为产生影响。由此可见，归因是有动机机能的。

通过分析不难看出，在对学生的归因进行改变时，是否正确会在很大程度上对学生的学习情绪产生影响。福斯特林也基于这一观点进行了很长时间的研究，并得出如下结论：只要给普通的英语教师提供一些训练和自学的机会，这些教师便能够改变自己学生的归因模式与成就动机。教师的言行通常都会对学生归因模式的发展变化产生影响。与此同时，这也相应地给教师提出了更高层次的要求，即教师应相应地转变教学观念，在教学中逐渐增强情感教育的意识，从理论层面强化对情感教育意义的把握和理解，以此来提升自身的情感修养。

（三）借助学习动机的迁移丰富材料的呈现方式

建构情感教学模式还应借助学生学习动机的迁移来不断地丰富和完善材料的呈现方式。当前科学技术的发展使多媒体技术的运用日益普遍化。事实上，多媒体技术的普及和应用极大地丰富了教学材料呈现的方式。例如，教师在讲课的过程中运用图示、实验演示、录像、幻灯片等多种方法来培养学生对学习材料的浓厚兴趣。当然，也可以通过学生参与到具体的学习过程来激发学生兴趣的目的。只有学生真正地体验到了学习的乐趣，才有利于其创造性和潜能的有效发挥。

（四）创设轻松、愉悦的学习环境

学习环境也是对学生情感产生重要影响的外部因素。学习环境不仅有利于陶冶学生的情感，同时还能有效激发学生的学习动力和热情，对学生的身心发展起着潜移默化的作用。

通常，在愉快、轻松的学习环境中，学生的思维更加活跃，记忆力相对更强一些，学生能够处于最佳的学习状态。作为大学英语教师首先应该明白，要想为学生创设轻松、愉悦的学习环境，最基本的就是给学生最大限度的自由，让学生能够在毫无拘束的环境下全身心地投入学习中。当然，不仅如此，教师还应为学生创设民主的氛围，在此过程中，教师可充当学生的学习向导和学习伙伴的角色。学生只有处于这种民主、自由的学习环境中，才会有一种安全感，也才能取得最佳的学习效果。

第三节 多媒体教学模式

随着计算机的普及，信息技术日益被人们所掌握。在大学英语教学改革的背景下探讨多媒体教学模式在英语教学中的运用也逐渐成为很多学者和教育专家共同关注的话题。本节就围绕与多媒体教学模式相关的内容进行探讨。

一、多媒体教学的基本模式

（一）集体教学模式

集体教学模式是多媒体教学的一种最基本、最常见的教学模式。具体而言，这种多媒体教学模式是以多媒体技术为依托，在讲课之前提前准备好上课过程中所需要用到的教学资料，运用计算机多媒体将教学内容以文本、图像、音频、视频等多样化的形式呈现给学生。这种教学模式通常是以教师讲解、演示为主，并且是在限定的空间范围内对数量确定的学生展开英语教学。如果对这一教学模式中的教师和多媒体的角色进行分析，会发现通常还是以教师为主，多媒体软件仅仅在教学过程中起到相应的辅助作用。在具体使用这一教学模式时，为了更有效地调动学生的兴趣和积极性，教师还可以运用多元化的内容呈现方式，如借助幻灯片、视频、影像等来提升演示效果。

（二）个别化教学模式

在网络教学环境下进行个别化教学也是多媒体教学模式的一种有效尝试。这一教学模式具体指的是以多媒体网络环境为依托，并结合不同学生的个性化特点进行具体的英语教学。要想在这种教学模式下促成教学效果的最优化，首先应围绕学生个体并对学生的具体学习情况如语言基础、学习特点、兴趣爱好、学习进度等进行具体分析，并结合实际情况设定不同的教学目标，安排与每个学生个体相匹配的教学内容。

具体而言，在进行个别化教学时，教师可结合学生的现实需求为学生制订自主学习计划，分享与其学习特点相匹配的学习资料，同时还应针对学生在具体学习过程中所遇到的问题和困难给予及时的指导和帮助。甚至还可以根据学生的登录情况、问题反馈等及时了解学生的学习情况并对学生的学习进度进行有效监督。在这种教学模式下，学生能够自主地选择与自己学习水平相符合的学习资料进行学习，或者学生还可以借助网络图书馆查询自己所需要的学习资料，甚至运用 E-mail 等在线交流平台向教师提交作业，对自己遇到的问题进行咨询并获得相应的解答等。

二、多媒体教学模式的优点

多媒体教学模式作为教学改革背景下被广泛应用的一种教学模式，在教学实践中展现了自身独有的优势，具体有以下几方面的体现：

（一）突破时间、空间的限制

和传统的英语教学模式存在着很大的不同，多媒体教学模式在英语教学中的恰当运用能够突破有限的课堂时间和教室空间的局限。学生除了在课堂上进行语言的学习之外，还能对自己的课外时间进行自由安排，并能在任何时间、地点学习教师提供的多媒体软件上的资料，很好地体现了这一教学模式的自由性和灵活性等特点。不仅如此，学生还可以在课余时间对即将要学习的内容的背景知识进行查阅以提前预习，还可以熟悉并复习自己在课堂上没有完全掌握的知识点。在运用多媒体软件时，教师不仅可以让学生共享课堂内或者书本上涉及的基本知识，还可以共享与之相关的、未提及的多方面资料。这样一来，无论学生身处何地，都可以随时完成学习任务。

（二）有效激发学生的学习兴趣

将多媒体教学模式运用于英语教学实践中，能将文本、图形、音频、视频等有机地融合在英语教学之中，这种教学模式本身就能有效改善传统教学的单一、枯燥等缺陷，并使英语课堂更加具有动态化的色彩，这样的教学方式不仅能充分调动学生的学习兴趣，还有利于促使教学效果最优化。

（三）优化英语课堂环境

在运用多媒体教学模式展现英语教学内容时，由于其内容的可视化比较强、信息呈现方式更为直观立体等特点，使得学生无论处于教室的任何一个位置都能清晰明朗地听清教师所讲的内容。这也能有效解决传统课堂中因为学生座位不同而接受效果呈现差异这一现实问题。多媒体将音频、视频融合为一体的巨大优势使英语课堂环境获得了最优化的效果，有效消除了传统教学的弊端。

（四）实现了以学生为中心

多媒体教学模式在英语教学中的有效运用能够给学生提供一个更为真实的语言环境。在这一环境中，学生可以发挥其自身的主观能动性，合理安排自己的学习时间、学习内容、学习进度，变被动为主动，积极地进行英语学习。可见，多媒体教学实现了真正意义上的“以学生为中心”，并且对培养大学生的英语综合能力大有裨益。

（五）共享备课资源

从实质来看，多媒体网络教学是借助网络资源的传输、共享等途径来实现教学的。

在多媒体网络这一大环境和背景下，教师能够利用先进的多媒体技术并以多媒体技术为依托进行备课。这种运用多媒体进行备课的形式不仅有利于优质教学资源的分享，而且对提升教师的备课效果也非常有帮助。优质的教学资源能够打破时空的限制得以分享，不仅有利于形成实时性、多样化的英语教学，还能很好地规避教学环节中的重复性劳动和投资。将多媒体教学有效地运用于英语教学中不仅极大地方便了教案的再利用，同时也非常有利于教师间的经验分享和沟通交流。

（六）实现了多角度的互动教学

多媒体教学模式有效地利用了计算机多媒体集声、光、电于一体的极强表现力，这种教学模式的有效运用能够让学生置身在自然、真实的学习环境中，打破传统、单一的教学模式的局限，有利于实现学生和计算机、学生和教师、学生和学生间多角度的交互。借助这种多角度的交互关系，学生能更加深入地理解所学内容，更有效地掌握语法规则、语言使用规则等，并在完成上述环节的学习之后，借助软件对自己的学习效果进行在线检测。不仅如此，多媒体教学模式还能让学生使用互联网、校园网等展开网上学习和交流，甚至还可以同其他国家的人进行在线交流，这种全信息的表达方法对提升学生学习英语的兴趣和视听水平都非常有帮助。

三、多媒体教学模式的发展趋向

（一）日常化、普及化

多媒体教学模式以其诸多方面的客观优势赢得了广大教育工作者和学生团体的青睐。尽管存在着不足之处，但是多媒体为英语教学所带来的便利还是有目共睹的。越来越多的教育工作者开始研究如何更有效地将多媒体教学运用到教学中并将这一教学模式与自身的教学实践进行有机结合。同时，随着多媒体技术的持续研发和与教学相关的应用软件的多样化，多媒体教学模式在英语教学中实现日常化、普及化具有更大的可能性。

在不久的将来，教师使用多媒体进行授课和教学已经成为现实可能。有一些依托多媒体设计的教学软件的内容非常丰富，并且展现了系统的知识体系和脉络，有的多媒体的内容已几乎覆盖了所有的英语课本上的内容，这样的发展势头使未来的无纸化英语教学也具有了现实可能性。总的来说，多媒体教学已成为一种日常化的教学手段。同时，多媒体教学在英语教学中所充当的多种角色以及该模式与学生的个性化相结合这一特点，使得其在英语教学中的日常化、普及化已经成为大势所趋。

（二）广泛性

以多媒体技术为依托所开发的语言识别系统能够为学生创设一个真实的语言环境。学生沉浸在这种真实的语言环境中，对他们语言学习和交际能力的提升都非常有帮助。

同时，随着多媒体教学模式广泛、持续地深入，其优缺点也很快显现出来了。为了更好地提升其在英语教学中的教学效果，各式各样的多媒体教学软件层出不穷，并且这些多媒体教学软件在功能、种类等方面也日趋完善，所涉及的范围更加广泛。例如，一些捆绑式的教学软件能够提供给学生所需的各种类型的学习信息。再如，一些测试类的软件在发展趋向方面呈现出更具便捷性、检测功能更为完善等特点。这一类型的软件不仅能够检测学生的口语、写作能力，而且还能对学生的主观性答案进行有效的评价。总体来看，多媒体教学软件在具体发展和完善的过程中所呈现出来的这些特点对激发学生的英语学习兴趣和提升学生的自主性、积极性等都非常有利。

随着多媒体与英语教学日益密切的结合、发展和逐渐完善，多媒体教学软件在未来也会像 VCD、DVD 光盘一样普及，并将得到广泛的运用。在具体的教学工作中，一些擅长教学设计又谙熟教学软件制作技术的人才也将受到青睐。英语多媒体教学软件的日益普及将成为英语教学的最新发展趋向。

四、多媒体教学模式运用的注意事项

尽管多媒体教学具有很大的优势，但是如果运用不当，很可能会出现适得其反的效果。为了更好地趋利避害，下面就对多媒体教学模式在具体运用过程中的注意事项进行具体分析。

（一）应结合实际服务于教学内容

多媒体教学集丰富、多样的教学呈现形式于一体，在文字、图形等呈现方面，具有美观大方、可视化、形象逼真等诸多优点。如果能够合理、恰当地对多媒体课件加以运用，那么对调动学生的学习情绪和提升学生的学习兴趣会非常有帮助。然而，如果刻意追求形式，使多媒体教学出现华而不实的情况，则将会对英语教学产生非常不好的影响。也就是说，过度、不当地使用多媒体会使英语课变成多媒体课件的表面展示，不仅会对正常的教学产生干扰，还会使学生的注意力很难集中在教学内容上，最终会使英语教学达不到应有的效果。

（二）应确保多媒体教学手段的合理化运用

效率高、信息容量大是多媒体教学的一大优势。虽然有效地运用多媒体教学辅助于英语教学中对提升英语教学效果非常有帮助，但是这项技术也仅仅是作为教学中的一项辅助手段，并非所有的教学内容都能够运用这一教学手段进行讲解。作为大学英语教师，还应恰当地处理好信息容量与英语教学节奏间的关系。如果在具体的教学过程中节奏过快，使学生接受的信息量超负荷，学生对知识的掌握就会成为“过眼云烟”，学生会很难把握所学内容的重难点，也很难将所学的内容以非常系统的形式记录下来。

这样一来，多媒体教学的优势就很难得到有效发挥，甚至还会使实际的教学效果大打折扣。

（三）应加强和完善学校信息资源库的建设

要想更有效地实施多媒体辅助英语教学，制作出与教学要求相适合的教学软件也非常重要。为了使多媒体教学更好地满足教学需求，同时更好地避免教师在多媒体课件制作过程中的重复性劳动，学校应该加大支持力度，有计划、有步骤地建设信息资源库，可主要围绕多媒体课件制作的文字型信息库、动画和有声信息资源库以及图片信息库等展开。这样一来既能够更加方便广大英语教师对各类信息资源的调用，同时也能大大降低教师收集信息的工作量，从而给教师节省出更多时间和精力来学习多媒体课件制作软件，充实课件内容或者使教师更深入地研究多媒体教学模式等，这有利于多媒体技术在英语教学中发挥更有效的作用。

第四节　网络化教学模式

为了更好地与未来计算机的发展相适应并迎合教学改革的大背景，将网络化教学模式有效地运用于英语教学也是大势所趋。为了对这一教学模式有更加深入、系统的认识，下面就围绕与网络化教学模式相关的问题进行探讨。

一、网络化教学的发展背景

传统教学模式通常都将教师作为教学的中心，学生仅仅扮演被动学习者和机械接受者的角色，这样的教学效果并不是非常明显。网络化教学模式以多媒体技术、网络技术为依托，将学生视为知识学习的主动建构者。

在这一教学模式中，教师对外界的信息环境进行适当的组织和引导，学生进行主动的建构，将与学习相关的内容转化成自身的知识。在此过程中，学生同教师成为教学要素中的两大决定性因素，共同对教学过程起着协调作用。

网络化教学是一种兼具创新性和开放性的教学模式，如果能将这一教学模式恰当地运用到英语教学中，对克服传统教学模式的弊端非常有帮助，同时还对全面实施素质教育有着重大的作用和意义。

二、网络化教学模式的构成要素

（一）教学理论

网络化教学模式有其强有力的教学理论的支撑，其中最主要的理论依据是建构主义理论。根据建构主义的观点，应在信念、原有经验、心理结构的基础上来建构知识。

以建构主义理论为指导的英语网络化教学模式强调，教师在具体教学过程中应承担对学生的学习起指导和帮助作用的引导者和帮助者的角色，而不是知识的机械灌输者；学生是自身认知结构的建构者，而不再是被动的接受者。上述的这些观点都构成了英语网络化教学模式形成的思想理论基础。

（二）教学目标

教学目标也对网络化教学模式的建构和发展方向起着决定性的作用。在英语网络化教学中，教学活动要开展的方向以及预期要达到的效果就是该教学模式所要达成的教学目标。针对要达成目标的特点，可以选择具体的网络化教学的开展模式。例如，如果要想提高学生的词汇及语法能力，可选择网络自主学习模式。

（三）教学策略

教学策略指在网络化教学模式中所采取的过程、方法等因素的总和。教学策略的选择和使用与教学模式是否能够稳定运作有着非常密切的关联，教学策略的不同也会对教学模式的操作产生相应的影响。

（四）技术环境

技术环境为网络化教学模式的开展提供技术层面的支撑，具体包括：局域网、互联网、校园网、广域网以及计算机设备等。

这些都能为英语网络化教学提供相应的物质条件。网络化教学模式的技术环境还在很大程度上受到设备自身的性能、信息传输条件等因素的制约。但相比于其他教学模式，技术环境这个要素在英语网络教学模式中显得尤其重要，它是网络教学模式区别于其他教学模式的最关键、最明显的特征。

（五）人机角色关系

人机角色关系也是网络化教学模式的重要构成要素。这一关系中的“人”具体指的是教与学，也就是教育者和学习者。这一关系中的“机”具体指的是计算机网络设备。英语网络教学模式中的人机角色关系还涉及以下两方面：其一，教师与学生之间的关系；其二，教师、学生与计算机网络设备之间的关系。在英语网络化教学模式中，不同的师生关系与计算机网络设备终端形成的作用关系相互交融，共同建构了特定的英语网络教学模式。

三、网络化资源的具体应用

（一）课程网站的建设

根据鲁子问、康淑敏的观点，我国高等学校的双语教学具体指的是在非语言类课程中使用英文教材时，采用英语或英汉结合的方法对专业知识进行讲授。

结合双语教学的特点，在设计授课、学习、作业、答疑、测试等一系列的教学环节时要采用专用的网络教学模块，从而对教学模式、授课方式、学习策略、教学评价等方面的问题进行高效处理。在所有的模块中，除了在教师模块中增加了后台管理功能之外，教师和学生模块的功能是相同的。这样一来，教师就能够随时查看、收集、发布信息，从而对教与学的动态进行及时监督和调控。

为了对这一教学系统有更具体的认识，下面就结合其中的几个模块进行具体分析。

1. 记事本

该模块中所提到的记事本主要起到对知识进行管理的作用，学生可以借助网络记事本对自己在学习过程中的感受、体会进行记录，这样有利于学生真正参与到学习的过程中去。

2. 在线测评考试系统

在线测评考试系统主要以一些测试题目为主，测试题目的类型主要包括客观性试题和主观性试题。

客观性试题通常由判断系统自动评分，主观性试题则由阅卷人来评分。在测评模块，学生自主抽取试题，查看相关题目的在线解释说明，自己评分；在考试模块，通常需由教师来设置考试时间并进行判分。

教师后台管理具体可分为三个部分：（1）发布考试信息；（2）试卷编辑；（3）批改试卷。试卷数据库主要用于学生成绩的查询。

3. 师生交互平台

师生交互平台具体指通过课程信箱、留言本等进行信息交流，这有利于分组讨论和协作学习。这一模块通常由学生来担任管理员，讨论制定奖惩制度。当然，教师也可以参与其中，如可以根据实时的需要添加不同的模块。

4. 信息模块

信息模块主要介绍与英语学习相关的资源链接和有关双语教学的动态信息等。例如，双语教学政策、双语教学研究动态等。

（二）加强电子交流

为了更充分地利用网络化信息资源，还可以通过布告栏、电子邮件、互动维客（Wiki）等形式进行人机互动和生生或师生交流，在双向或多向的师生交流中全方位地感知语言信息。借助多样化的形式加强电子交流，能有效、便捷地解决学习中遇到的各种问题和困惑。但是，无论采取何种方式，都不要忘了教师的初衷在于为学生创设有意义的学习环境，鼓励学生对教学活动进行定期反馈，而学生可以以匿名的方式发表意见和建议。这样一来，一方面能激发学生参与课程建设的主动性和增强对学习的感悟；另一方面，教师可以根据学生的反馈和教学的进展情况及时调整自己的教学思路。

四、网络化教学模式运用的注意事项

网络化教学模式在英语教学中的具体运用是教育信息化进程中的一项伟大的尝试。这一教学模式能让学生在获取信息的过程中渠道多元化、层次多维化、形式多样化。大学英语教师应充分把握好机遇，使网络服务于自己的教学工作。同时，还应在探索网络化教学的过程中对所遇到的问题进行总结，并不断提升自身的专业水平。还应对学生的网络学习进行适当引导，一方面应加强网络道德建设；另一方面还应尽可能地规避网络学习带来的不良影响。基于此，下面对网络化教学模式运用中的注意事项进行具体分析。

（一）学生适应方面的注意事项

网络化教学模式相对于传统教学模式具有更加新颖的特点，如果学生已经习惯了师生间口耳相传的传统教学模式，那么面对信息容量大的网络化教学，学生在注意力的转移、分配、调节、持久等方面都需要一个适应的过程。

（二）教学层次方面的注意事项

不同的学生个体对网络资源的需求层次往往千差万别，并且层次教育也会呈现出多样化、动态化的特点。因此，不同学校、不同专业应根据自己的层次情况采取与自己相适应的层次教育。

（三）教学目的方面的注意事项

网络化教学模式是传统教学模式的一种辅助形式，两者并不互斥。它们各有所长，各具特色，不能相互被替代。因此，在具体的英语教学实践中，应结合具体的教学目的来决定采取哪一种教学模式，只有这样才能实现教学效果的最优化。

（四）教学观念方面的注意事项

在网络化教学模式的具体运用过程中还应在教学观念的认识上注意以下问题：不能简单地认为运用网络化教学模式就是将计算机网络教学引入英语教学中，或者是将教师的讲述变为多媒体的展示，或是将师生间的口耳相传变为网络上的信息交互，并认为做到了这些就能使教学质量得到提升。事实上，上述的这些认识都是存在偏差的，教师应结合具体的教学实际将网络资源作为一种辅助手段有机地融合在英语教学中。

第六章 核心素养背景下的大学英语词汇、语法教学

词汇和语法是英语语言的基础，从学生学习英语开始，最初接触的就是词汇和语法知识，即使是在大学英语学习中，词汇和语法仍然是学生学习的重要内容，也是大学英语教学的重要组成部分。但受多种因素的影响，词汇和语法的重要性被教师和学生所忽略，“费时低效”是大学英语词汇和语法教学的突出问题，学生的词汇和语法能力也得不到有效的提高。在教学改革的背景下，大学英语词汇和语法教学应不断创新和突破，即在遵循科学的教学原则的基础上，选择有效、新颖的教学方法，提高学生的词汇和语法能力，提高大学英语词汇和语法教学的质量。

第一节 核心素养背景下的大学英语词汇教学

词汇是语言体系中最基本、最重要的要素之一，所以对于英语学习者而言，词汇知识的掌握至关重要。正如语言学家威尔金斯所说：“没有语法很多东西无法传递，没有词汇任何东西无法传递。”在大学阶段，尽管学生已具备一定的词汇量，但词汇的输入和输出仍存在较多问题，成了阻碍学生词汇能力进一步提高的主要原因。为提高学生的词汇水平和大学英语词汇教学效果，应对大学英语词汇教学进行改革与创新。

一、词汇与词汇能力

大学英语词汇教学的意义就在于丰富学生的词汇量，促使学生掌握并运用词汇，提高学生的词汇能力。所以，让学生了解词汇以及词汇能力的本质具有重要意义。

（一）词汇

关于词汇的定义，《辞海》的解释是：“词是语言组织中的基本单位，能独立运用，具有声音、意义和语法功能。词汇指一种语言中所有词的总和，也指某一范围内所使用的词的总和。”《朗文当代高级英语词典》对词汇的定义为：“all the words that someone knows，learns，or uses.”（某人知道、学过或使用的词的总和）《牛津高阶英汉双解词典》对vocabulary的解释是：“total number of words that make up a language.”（一种语言全部的单词）

针对词汇的定义，语言学家与词典有着不同的看法。哈奇和布朗指出：“Vocabulary refers to a list or set of words for a particular language or a list or set of words that individual speakers of a language might use.”（词汇指的是一种特定语言中所包含的或某个个体可能使用的一系列的词）路易斯则站在更高的角度对词汇进行了解释，他将词汇称为“词块”，并把词块分为四种类型：单词（Words）和短语；搭配；惯用话语；句子框架和引语。

我国学者陆国强指出，词是语音、意义和语法特点三者相统一的整体，是语句的基本单位，而词的总和构成了词汇。胡春洞（1990）认为，词汇是语言的建筑材料。这不仅说明词汇是语言的基础，也说明词汇不是孤立的，而是与语音、语法、句型等的结合，同时说明词汇在听、说、读、写中有所体现。陈仕清（2006）曾指出，语素是语言中表意的最小单位，词是能够独立运用的最小的表意单位，词汇由语言中所有的词的总和构成，人们日常所使用的句子就由词汇构成，所以词汇教学历来都是英语教学中的重要组成部分。

通过上述定义可以看出，词汇是一个集合概念，不仅包括词，还包括词组。词汇不仅可以指某一语言中的全部词和固定词组，还可以指具体的某个词或固定词组，又可以指某一类别或某一范围的词语。词汇的范畴要大于词，两者之间是整体与个体的关系，词汇是词和词组的集合。总体而言，词汇是构成语言最基本、最重要的材料。

（二）词汇能力

词汇学习的目的是培养和提高词汇能力，而且作为语言综合能力的基础和语言交际能力的重要组成部分，词汇能力一直都是诸多学者研究的重点。

理查德（A.Richard，1976）认为，词汇能力不仅指要懂得词汇的含义，还包括许多其他的内容，如同义词之间的区别、词的基本意义、由一个词派生出来的其他词、词与词典中的其他词条的联系、词的句法作用以及在不同情景下的使用范围等。概括而言，即词汇能力不仅包括懂得词汇，还包括具备词的应用能力。

马可尼认为，词汇能力是关于语言词汇的深层知识，可将其看作人类认知能力的一部分，包含指称能力和推理能力两方面。指称能力是指能够实现词汇与客观世界存在物之间的正确映射能力；推理能力指的是能够形成词汇与词汇之间的网络关系，并据此实现语义推理和解释，并根据定义提出词汇信息，同时找出同义词的能力。

可以看出，词汇能力具有不同的维度。关于词汇能力维度的描述，最早可追溯至五维度说，即概括能力、应用能力、知识广度、精确能力和检索能力。其中，概括能力是指定义单词的能力；应用能力指的是识别一个单词适用的语境的能力；知识广度指的是能够掌握单词的多种含义；精确能力是指在不同的情形下均能正确使用单词而且能够识别对单词使用不当的能力；检索能力指的是在其思考以及会话中提取单词的能力。米拉从总体描述的角度提出了词汇能力发展的两个维度，即词汇星和词汇组织，之后又增加了自动化这一维度。里德从测试的角度来研究词汇知识，认为词汇能力包含词汇量和词汇知识深度两方面。卡特和理查兹对词汇能力进行了概括，具体包含以下几方面：掌握一定量的词汇；了解构词法；知道多义词所表达的多种含义；懂得词汇所包含的深层意义；能够明确区分同义词、近义词；了解词的搭配；清楚词的造句能力；能够掌握单词的使用频率和使用场合；明白词在语篇中的相互联系，也就是词的连贯性。

对于词汇知识范畴的界定，内申（Nation）的研究被广泛接受。内申（1990）指出，英语学者要想达到以英语为本族语的语言水平，除了要懂得词义外，还要掌握词的运用，至少要达到以下几方面的要求。

随着英语词汇习得理论研究的不断深入，很多学者开始以词汇库为中心来解释词汇能力概念。Jiang（2004）借鉴心理语言学和认知心理学的研究成果对词汇能力维度进行了界定，他从词汇深度知识表象出发，深入地描述了心理词汇库组织模式以及词汇语义提取的自主性。Jiang 对词汇能力的研究更能立体地描述词汇，而且对词汇教学以及词汇能力的测量具有重要的指导意义。

二、核心素养背景下大学英语词汇教学的原则

为有效组织英语词汇教学活动，促进大学英语词汇教学的进步与改革，教师应树立正确的词汇教学观，从教学内容、教学目标、教学对象出发，遵循一定的教学原则，巧妙地策划和设计教学活动。大学英语词汇教学应遵循以下几项原则：

（一）数量与质量相统一原则

英语词汇极为丰富，而且数量庞大，英语词汇量是日积月累的结果。对词汇的掌握也应该是一个循序渐进的过程，拼写、语义、用法等都应按照层次逐步提高，实际上这个提高的过程也是词汇教学在质的方面的发展过程。学生在词汇学习的自然推进过程中，逐步加深对词汇各个细节方面的认识，尤其是对词的各种意义以及用法搭配的掌握。学生的词汇学习是一个量与质并举的过程，词汇学习中的量包含学生所能达到的词汇量，质包含学生对词义的正确理解和使用，两者是相辅相成的有机整体，如果无法正确理解和使用词义，那么词汇量的积累毫无意义，词汇的储存和积累最终是为了语言意义的表达和交际。对此，大学英语词汇教学应遵循词汇数量与质量相统一的原则，以此原则来指导学生的词汇学习。学生对词汇的认知越全面，越是有助于学生学习和掌握更多的词汇，也就越有助于学生熟练运用词汇。

（二）兴趣激发原则

兴趣在英语学习的任何一个阶段中都发挥着重要的作用。在大学英语词汇学习中，

兴趣依然起着至关重要的作用。“兴趣是最好的老师”，如果学生对英语词汇学习有兴趣，那么学生就会有持续的学习动力，词汇学习就会一直坚持下去，而且学生会带着强烈的欲望去练习英语，寻找一切机会提高自己的词汇水平，在不知不觉中，学生的词汇能力就有了提高。反之，如果学生对词汇学习失去兴趣，那么学生就将没有学习的动力，学习效果也会不佳。所以，在大学英语词汇教学中，教师应有意识、有步骤地激发和培养学生学习词汇的兴趣，通过设置多样的教学活动来激发学生的好奇心，培养学生学习和使用词汇的兴趣，进而扩充学生的词汇量，提高学生的词汇能力。

（三）联系原则

词汇的记忆和掌握是枯燥而又困难的事情，所以教授学生如何有效地掌握词汇就成了大学英语词汇教学的重要内容之一。英语词汇数以百计，但其核心词汇数量并不多，而且大多数为多义词。同一个词汇的多个意义之间往往相互联系，构成了一个彼此相关的概念群。有些词汇因词义上的紧密联系，常常会形成记忆中的词汇链，只要掌握其中的一个，其余的就会被记起。因此，在大学英语词汇教学中，教师应根据这一规律指导学生将新词的学习同旧词相联系，指导学生掌握一词多义之间的相关性，使学生把握词汇意义的构成规律，从而达到温故知新、掌握词汇意义的目的。

（四）文化对比原则

语言与文化是密不可分的统一体，任何一种语言都根植于某种文化中，而文化也会将语言作为其重要的表现形式。学习英语词汇不仅要掌握词汇的基本意义，还要掌握词汇的特定文化内涵和词汇在不同文化背景下所体现出的文化差异。例如，汉语中的“知识分子”和英语中的“intellectual”虽然含义基本相对，但文化含义有很大差异。“知识分子”在中国不仅指受过大学教育的人，甚至在偏远的农村中学生都被看作“知识分子”，但是在欧美国家，“intellectual”仅仅是指大学教授等有较高学术地位的人，其范围要比中国的“知识分子”小很多。因此，在大学英语词汇教学中，教师应让学生对词汇的文化内涵和文化差异有深刻的理解和领会，只有这样才能使学生更加有效地运用词汇。

（五）语用原则

尽管词汇教学涉及的内容与范围都比较广泛，但其核心问题仍然是让学生高效地掌握一定的词汇量，并将它们有效地运用于交际。对此，在大学英语词汇教学中，教师要有意识地创造各种语用环境，鼓励学生将词汇与听、说、读、写联系起来，并通过听、说、读、写等方式进行运用，进而全面提高学生的词汇运用能力。此外，教师还可以根据不同学生的特点，按照不同的要求，将词汇与语境结合起来，通过创设生活情景、模拟交际情景等，引导学生理解、记忆、掌握和运用词汇。

三、核心素养背景下大学英语词汇教学的方法

在教学改革的背景下，为了能够提高大学英语词汇教学的效率，提高学生的词汇能力，教师应根据具体的教学目标、教学内容、教学对象灵活选择和综合运用各种教学方法。在核心素养背景下，大学英语教师可采用以下教学方法开展词汇教学。

（一）语块教学法

随着语料库语言学的发展，语块在语言习得与应用中的地位也逐渐提升，并成为人们日益关注的话题。语块教学法对于培养学生的英语能力有着重要的作用，在大学英语词汇教学中的作用尤其突出。

1. 语块教学的理论基础

20 世纪 70 年代，语言学家贝克尔和博林格最早提出了“语块”这一概念。它是指英语中一种特殊的多词词汇现象，以整体形式被语言学习者习得并长期保存在记忆中，在使用时可直接从记忆中提取，不是语法生成和分析的固定或半固定、模式化了的块状结构。语块体现出三方面的特点：一是结构相对固定；二是整体预制；三是易于提取。

路易斯（1997）在其语块教学理论中指出，语块是使语言输出变得快捷、方便、流利的关键。本族语人的语言之所以那么流利，主要就是因为他们的词汇并不以单个词存储于记忆中，而是以短语、习语等大的语块形式存储在记忆中，当用时就能作为整体提取出来，能够有效减少资源信息处理的困难。相比较来讲，只学习单个单词的学习者就需要更多时间来表达自己的思想。

Nattinger 与 DeCarrico（1992）指出，学习者的英语语言知识应该是由各种语块组成的，而不是由语法规则外的一些孤立的单词组成。因此，即使学习者已经学习了完整的语法规则和掌握了较大的词汇量，但他们的语言熟练程度依然存在较大问题。可见，单纯的语法规则和词汇量并不能保证学习者有效使用语言，因为学习者使用语言的能力的关键并不在于掌握了多少语法规则，而在于存储了多少预制语块。

可以看出，存储和掌握大量的语块可以提高学习者口头和书面表达的迅速性和流利性，能够提高学生语言表达的自动化程度。威多森将这种能力称为语用能力，也就是在具体的语境中有效提取词汇组块进行使用的能力。语块能够作为整体被提取，因此学习者只要稍微对其进行加工就能迅速说出或写出符合语法规则的句子，能够有效降低学习者因害怕出错而产生的焦虑，提高学生的自信心。相较于常规的教学法，语块教学法更能提高学生有效运用词汇进行表达的能力。

2. 语块教学法的应用

通过上述理论知识可以了解到，在大学英语词汇教学中运用语块教学法能有效提高学生的词汇能力。对此，在大学英语词汇教学中，教师可采用以下几种策略来展开语块教学。

（1）转移教学重心

在大学英语词汇教学中，教师应转移教学的重心，即将教学的重心从语法转向词汇，并鼓励和指导学生依据自己的需求大量吸收语块。斯凯恩指出，语言表达的流利性取决于词汇型的交际，而不是取决于语法型的沟通。而中国英语教学一直以来都背道而驰，因此中国学生总是习惯运用根据语法规则生成的句子来进行表达，而缺乏迅速将语块连接成话语的技能。因此，在大学英语词汇教学中，教师应有意识地纠正学生机械背诵单词的不良习惯，应重点培养学生对词汇的敏感性，让学生掌握辨认语块的方法，进而培养学生运用语块的能力。

（2）寻找课文中出现的语块

当转移教学重点，让学生明白语块的意义之后，教师在课堂教学中应重点锻炼学生寻找语块的能力。例如，在讲授某篇课文时，教师可对学生进行分组，并对课文进行分段，小组共同讨论语段中出现的语块，然后小组派出代表将讨论的结果写到黑板上，供其他学生去判断和讨论。在学生讨论过后，教师要将学生找出的语块进行分类和讲解，以加深学生的印象。以小组讨论的形式寻找语块不仅可以调动学生学习的兴趣，而且能让学生掌握辨别语块的方法，还能丰富学生的语块积累，提高学生的词汇能力。

（3）进行语块产出训练

让学生寻找语块是为了学生在今后的学习中能够有效运用这些语块，如运用这些语块进行写作、翻译或口语表达等。因此，在学生找到课文中的语块之后，还需要对学生进行语块产出训练，这是非常重要的。

（4）鼓励学生背诵课文增强语块意识

除上述方法之外，背诵课文也是增强学生语块意识的有效方法。因此，在大学英语词汇教学中，教师应选取课本中具有较多语块的文章部分让学生背诵。通过背诵，学生不仅可以明白句子中出现的语法规则，还能锻炼自己的语感，并且能够掌握大量的语块。当学生熟练掌握这些语块之后，在日后的口语、听力、写作以及翻译中就能有效运用，从而提高英语表达的地道性和流利性。

总而言之，通过锻炼学生的语块识别能力，能够增强学生的语感，让学生大批记忆语块，不仅可以提高学生语言表达的准确性和流利性，也可以使学生在输出语言时更加自信。可见，在大学英语词汇教学中运用语块教学法能够为教师的教学提供新的思路。因此，大学英语教师应改变传统的教学观念，将词汇教学与各项教学融合在一起，将语言知识与运用结合起来，进而提高学生的词汇能力，提高大学英语词汇的教学效率。

（二）语境教学法

随着教学研究的不断深入，人们越来越关注语境对英语教学的重要性，并将语境理论运用于大学英语教学中。对于词汇学习而言，语境的输入对词义的确定、词汇的有效运用十分有利，因此语境教学法也广泛应用于大学英语词汇教学中。

1. 语境教学的理论基础

马林诺夫斯基提出了“情景语境”的概念，并认为理解语言要依赖于语言环境。之后，弗斯又系统、全面地解释了语境理论，他认为除语言的上下文以及语言出现的环境外，语境还应包括整个社会环境、信仰、文化、经历等。弗斯将语境分为两种，分别是情景语境和言语语境。情景语境就是言语外的语境，如说话者的身份、关系以及文化、信仰等；言语语境也就是言语内的语境，如语言本身的上下文等。实际上，按照不同的标准，语境有不同的分类，这里就将语境分为言语语境、非言语语境和认知语境三类。语境对语言有着重要的影响，对词汇的影响作用也十分突出。

词汇的意义由语境决定，词汇有自己的搭配，但不同的搭配却具有不同的含义，可见英语中一词多义的现象有很多。上述提到的言语语境是语言本身具有的特点，如词与词的搭配、句子结构、语法结构的限制等，这些都可以塑造词语的不同意思。因此，借助言语语境，学习者就可以确定词汇的意义、多义词的准确含义以及语篇中的指示语所指。可见，言语语境对词汇有着限制和解释作用。此外，非言语语境和认知语言也对词汇具有制约和解释作用。通过非言语语境，即通过交际情景和社会背景等，学习者在交际过程中就会根据具体语境选择不同的词汇来进行表达。通过认知语境，学习者就可以依据语境所提供的线索猜测词义，而且认知语境还能帮助学生理解和记忆新的单词。由此可以看出，语境对词汇学习和教学具有重要的意义。

2. 语境教学法的应用

鉴于语境对词汇的重要作用，在大学英语词汇教学中，教师应有意识地将语境理论运用于词汇教学，进而提高学生的学习效率。

（1）培养学生的语境意识

在大学阶段，学生对语境已经有了初步的认识，大部分学生能够根据语境来完成学习任务，如在做英语完形填空题的时候，无论是程度高的学生还是程度低的学生，都能根据上下文语境来选择词义。但有教师发现，学生运用语境的能力却不佳。虽然大部分学生能够根据语境选择和写出相应的单词，但是单词的形式常会写错，这就表明学生对语境的认识还不够深入。针对学生在交际中使用词汇不得体的现象，教师应及时向学生进行反馈，并在词汇教学中告诉学生某个词汇适合什么样的语境，在不同的语境中表示何种含义等，以加强学生的语境意识。

（2）利用各种语境进行词汇教学

学习语言的最根本目的是进行交际，也就是在自然真实的社会情景下运用所学语言展开交际活动。只有在真实的语境中练习语言，才能有效提高学生结合语境理解语言意义的能力和有效使用语言的能力。因此，在大学英语词汇教学中，教师应有意识地创设情景语境来进行教学，使教学生动形象，贴近学生生活，进而激发学生的学习兴趣，并提高学生的学习效率。

例如，教师可以模拟交际情景来呈现词汇，如在教授关于自然灾害的课题时，教师可以借助多媒体播放一些相关的影片、图片等，图文并茂的教学不仅可以调动学生的积极性，还能扩宽学生的知识面，加深学生的印象。在词汇呈现过后，教师可以创设虚拟语境来巩固学生的词汇运用能力，并使枯燥的词汇学习变得生动形象。例如，教师可以设计一些与语境相关的随堂练习，如单词填空、完形填空等，以加深学生对生词的理解和记忆，并领悟单词的用法。在一段时间的词汇学习过后，教师还可以设计情景语境来锻炼学生产出词汇的能力，其中角色扮演就是一项很好的活动。通过角色扮演，学生可以在真实的语境中运用所学词汇，而且这对提高学生的综合能力也十分有利。

（3）教授学生词汇学习策略

上述提到，语境对学生猜测词义和记忆单词有着重要的促进作用，因此在大学英语教学中，教师应积极利用语境理论来教授学生词汇学习策略，这里主要对猜词策略和记忆策略进行说明。

猜测词义就是根据语篇的信息、语言结构、逻辑、背景知识等猜测和推断某一生词的含义，实际上也就是根据语境来猜测生词的含义。据此，教师应有意识地指导学生根据上下文逻辑、句法结构、同义关系、反义关系、构词法等来猜测词义。

记忆单词对学生的词汇学习的重要性不言而喻，如果学生没能记住单词，那么词汇运用也就无从谈起了。因此，帮助学生记忆单词也是大学英语词汇教学的重要内容。语境对词汇的记忆有着重要作用，因此教师可以引导学生根据不同语境来记忆单词。教师可以鼓励学生将单词与其上下文结合起来记忆，加深学生的印象，通过这种结合上下文的方式，学生不仅能加深对单词的认识，还能了解单词在不同语境中的搭配使用。此外，教师还可以指导学生通过适当的方式建立一个记忆网络，如通过词汇的语义联系，包括上下文关系、同义关系、反义关系等来建立记忆网络，这样学生不仅可以对单词进行归类，还能加深记忆。另外，通过词汇话题归属、范畴归类、词性等制作词汇图像也是记忆词汇的良好策略。在具体的教学中，教师可引导学生通过联想写出与某一单词相关的尽量多的词汇并制作成图像，这是培养学生发散思维、增强学生记忆效果的良好策略。例如，单词 sea 就可以通过联想，找到多个与之相关的单词。

（三）文化教学法

在英语中，很多词汇除了其基本含义之外，还蕴含着丰富的文化含义，文化含义对学生学习、记忆和掌握单词有着重要作用。因此，在大学英语词汇教学中，教师应在词汇教学中融入文化教学，以丰富学生的文化知识，并提高学生掌握单词的效率，进而提高学生的跨文化交际能力。教师可采用以下两种方式进行词汇文化教学。

1. 直接法

直接法就是在教师进行词汇教学时，根据教材内容有意识地去介绍一些文化背景知识以及文化内涵词，这是词汇教学中最常用的一种文化导入方法。例如，当教师在讲解关于 Myth and Legend（神话与传说）的课文时，教师可以先向学生介绍一些古希腊、古罗马的神话故事，然后再引入故事中的词汇，如 Trojan horse（特洛伊木马）、Achille’s heel（致命的弱点）等。为了使学生更加直观、深刻地了解和记忆词汇的文化含义，教师可以借助多媒体手段，使学生对文章的文化背景有一个清晰的了解，从而让学生更好地掌握所学词汇。

2. 文化对比法

中西文化有着显著的差异，这在词汇上有着明显的体现。同一客观事物在不同的文化中有着不同的文化含义。因此，教师在教授英汉文化中有着明显差异的词汇时，应将词汇教学与文化教学结合起来，通过文化对比让学生深刻地认识英汉词汇文化内涵的异同。例如，在教授 lotus（莲）这一单词时，就可以通过文化对比的方式让学生来掌握这一单词。在汉语文化中，“莲”是“正直、高雅”的象征，而在英语文化中 lotus 却与“懒散”有关。

词汇教学通常是比较枯燥的，而文化对比教学则能增加词汇教学的生动性，并且在丰富学生文化知识的同时，也能牢固掌握词汇含义。

第二节　核心素养背景下的大学英语语法教学

语法是语言的框架，赋予语言以结构形式，是语言使用规律的总和。语法教学能够高效地帮助学生了解目标语的语法规则和句子结构，掌握语言的使用规则。学生的语言学习，无时无刻不受语法的支配。但语法教学在英语教学中的地位一直都是一个颇受争议的话题，语法教学在大学英语教学中更是处于一种尴尬境地，大部分大学生的语法实际上是不过关的，如果不教或少教，很难有效提高学生的英语水平；如果教，学生又觉得没有必要。实际上，随着人们对语言教学理论研究的深入，人们对语法教学的重要性进行了重新思考，并认为要提高学生使用语言的准确性，最有效的方式就是进行语法教学。所以，在教学改革的背景下，语法教学仍然是大学英语教学中不可或缺的重要环节。

一、语法与语法能力

英语语法教学的主要目的就是为了提高学生对语言的掌握程度，培养学生的语法能力。虽然在大学阶段，学生对语法已有一定认识，但是对语法与语法能力的本质却未必了解。因此，在大学英语语法教学中，教师首先应让学生对语法以及语法能力有一个清楚的了解。

（一）语法

语法与词汇一起构成了语言的基础，有着很强的稳定性，变化十分缓慢。关于语法的定义，不同学者给出了不同的解释。

威多森认为，词汇的变化规则和用词造句规则系统的总称构成了语法。

莱昂从传统的语法观出发对语法进行了界定：语法是解释词组合成句子的方式的语言描述。

乌尔认为，语法大体指语言组合成词语以使之成为更大意义单元的方式。

尤尔认为，“语法是一套结构，其中语法形式上的不同可以通过意义上的不同或根据其所在的上下文来解释。当使用者掌握了一套语法结构系统时，在其分析框架里的意义、形式和用法就被看作是不可分割的三方面”。

拉森·弗里曼指出，语法主要包含三方面，分别是语形、语义和语用，而且这三方面相互依存，如果一方发生改变，将会影响另一方随之发生变化。

许国璋先生（1986）指出，语法是制约句子中词与词之间关系的准则。某一语言的语法是该语言中所有准则的总和，在语法的制约下，词能够组成被语言社团所接受的句子。

胡壮麟（2000）指出，“如果语言教育的目的包括教会学生正确地、有意识地和得当地使用英语，我们就应该把语法看作一个理性的动态系统，而不是任意规则的静态系统”。

赵艳芳（2001）认为，语法有狭义和广义之分。就狭义而言，语法指独立于语音和语义对语言结构层面进行研究的语言学分支，包含词法和句法两方面。就广义而言，语法是指对语言的整个体系和规则进行研究的语言理论，包含语音、语义等不同层面。

戴炜栋（2006）认为，语法所涵盖的范围十分广泛，既包括语言规则和语用规则的元语言知识，也包括构成语言项目的关于规则方面的知识和词性规则、句法规则方面的知识。

由上述定义可以看出，语法所涉及的范围十分广泛，而且不同的学者对语法有着不同的看法和解释。但总体而言，语法实际上就是语言的组织规律，是人们据以组词成句、赋予语言意义并使用语言进行交际的一套规则。由此可见，语法是语言交际的重要规则，对交际起着重要的作用，如果忽视语法，那么交际必然会受到影响。

（二）语法能力

美国语言学家乔姆斯基最早提出了“能力”这一概念，并提出了“语言能力”的概念。在乔姆斯基理论的基础上，海姆斯也提出了“语法能力”这一概念。海姆斯认为，语法能力是影响交际能力的重要因素。继海姆斯之后，很多学者都对语法能力进行过研究。

卡纳尔与斯温重新解释了“交际能力”，并提出了复杂的框架，具体包含三个维度。

1983 年，卡纳尔将这一框架扩展为四个维度，即语法能力、社会语言能力、语篇能力和策略能力。其中，语法能力是指对规则、特点等语言符号的掌握，是指与语音、语法、词汇等有关的知识，主要涉及的是准确理解、表达言语字面意思所需的知识和技能。卡纳尔和斯温与海姆斯持相同的观点，认为语法能力是实现交际目的的必要条件，是交际能力的重要构成部分。

巴赫曼对卡纳尔和斯温的“交际能力”框架进行了扩展，形成了一个树形图。

巴赫曼认为，语法能力主要涉及语言的形式和结构特征，具体由词汇、句法、形态学、音系学等方面的能力所构成。

虽然上述学者对语言能力有不同的理解，并进行了不同的界定，但都仅局限于形式和结构方面的知识，并没有涉及知识的运用。拉森·弗里曼指出，语言教学的目的是培养学习者具备准确、得体使用语言形式的能力。对此，拉森·弗里曼对“语法能力”的框架进行了重新建构。拉森·弗里曼的“语法能力”框架具体包含三个维度，即语言的形式、语言的意义和语言使用的条件。

拉森·弗里曼通过饼形图很好地说明了“语言能力”三个维度之间相互依存、相互影响的关系。拉森·弗里曼的“语言能力”既包含语言知识，也涉及语言知识的运用能力，将知识与运用很好地结合了起来。

马广惠和文秋芳认为，语法能力是领会语法知识与运用语法知识的总和。其中，领会语法知识主要涉及对语法知识的辨认，而运用语法知识则主要侧重构句层面上语法规则的具体运用。

虽然不同的学者对语法能力有不同的理解和解释，但对语法能力的认识一致。语法能力包含语言知识和语言运用两方面，也就是既具有对语言自主规律性知识的掌握，又有能够操作语言进行输出、实现交际的能力。本文认为，大学生英语语法能力包括语法知识以及学生准确、恰当、得体使用语法的能力。所以，大学生英语综合能力的提升离不开对语法知识的掌握和使用。

二、核心素养背景下大学英语语法教学的原则

大学英语语法教学应该在一定原则的指导下，以学生为中心，运用灵活多样的方法，使学生系统地去掌握语法知识，并提高学生的英语综合运用能力。在教学改革的背景下，大学英语语法教学可遵循以下几项原则。

（一）真实性原则

根据认知心理学的研究，当输入大脑中的信息具有趣味性、实用性并与日常生活相联系时，人就会产生兴奋的情感，在进行输出活动时思维和行动就会比较活跃。所以，生动、真实的学习情景有助于学生快速接收信息，并能激发学生的思维和积极性，进而

建构传递信息的愿望。因此，在大学英语语法教学中，教师应根据教学和学生的需求来设计真实的交际任务和互动活动，这样学生可以在言语活动中直接感受语法，对于学生而言，语法不再是一些抽象的规则，而是真实交际生活中的一部分。

在设计任务和活动的时候，教师要注意凸显某一特定的语言形式，并提出较高的语言要求，激活学生的语法能力，而不仅仅是词汇能力。当学生在交际活动中遇到语言形式问题时，教师不能过于强调交际的流利性，而应抓住机会，开展相应的语言形式活动，这样语法学习才会更加有效。开展真实的活动能将语法学习与实际生活联系在一起，激发学生的学习积极性，促进学生的语法学习。因此，在大学英语教学中，教师应设计一系列的教学活动，寻机营造适宜学生学习的活动环境，将所学的语法知识与真实生活有机结合起来。

（二）以学生为中心原则

在教学改革的背景下，学习观发生了改变，学习不再被看成是单纯地接收信息的过程，而是学生一起参与的过程。培养学生的英语综合应用能力是大学英语教学改革的主要目的，因此大学英语语法教学应从“提供知识”向“展开活动”转变，鼓励学生积极参与，让学生在参与、实践和体验中共同建构语法知识，提高语言能力。也就是说，教师要以学生为中心，充分发挥学生的积极性，鼓励学生参与语言活动，努力将语法规律的发现、学习和掌握让学生自己去进行，以激发学生学习的兴趣，开发学生的智力，提高学生的自信心，培养学生的自主学习能力。

（三）系统性原则

到了大学阶段，虽然学生已学习多年语法知识，但在语法学习中依然存在问题，一个普遍存在的问题就是系统性不强，对一些相近的概念掌握不清。语法是对语言知识的系统描写，如果学生所掌握的语法知识不够系统则不利于他们对语法知识的理解和记忆，也不利于他们对语言的灵活运用。因此，在大学英语语法教学中，教师应遵循系统性原则，引导学生及时总结和归纳语法知识，使之成为系统，使学生了解语法间的关系，从而触类旁通，在头脑中形成完整的语法体系和图式。

在大学英语语法教学中，教师要突出阶段性和系统性的特点，经过一段时间的教学之后，教师就应全面、系统地归纳语法知识，建立结构完整的语言体系。而且教师还应注意新旧知识之间、新输入与原有经验之间的关系，因为只有在原有知识、已有经验与新输入之间建立起联系，新的知识才能被有效建构，对此，教师在语法教学中应适时地归纳已学知识，让学生的新旧知识之间建立起联系，以已有知识作为新知识的“生长点”去引导学生建构新的知识，从而提高学生的语法能力。

（四）交际原则

语言的功能是交际，所以语法知识的学习、语法能力的提高都是为了交际。胡文仲

（1989）指出，在语法教学中，了解语法概念固然重要，但是只读语法书并不能真正了解语法概念，还必须不断地实践才能清楚语法概念，所以学习语法并不能机械死板地背一些语法的条条框框，还应在实践中不断运用所学的语法知识。这实际上也表明了语法与交际之间的关系。但目前的实际情况是，学生难以将所掌握的语法知识与实际交流使用结合起来，学、用脱节的问题十分突出。因此，在大学英语语法教学中，教师应变传统的语法知识体系为语法应用体系，不仅教授学生语法知识，还应将语法学习与语法应用结合起来，培养学生的语言运用和交际能力。

（五）循序渐进原则

根据认知心理学原则，人们对事物本质的认识并不是一次实现的，而是要经历一个由低到高、由浅入深、由简单到复杂的不断变化和反复巩固的过程。学生的语法学习也是如此，学生在学习语法知识时，即便是一个简单的语法知识，也不是一次完成的，而是要经过多个阶段的巩固和完善后才能掌握。根据这一规律，教师在语法教学中遵循由表及里、主次分明、由一般到特殊的原则，循序渐进地开展语法教学。一个语法项目往往包含很多的内容，也有很多的例外，教师没有必要一次将某一语法项目的所有内容都教授给学生，要注意条理性和层次性，可引导学生发现和掌握一些特殊用法。此外，教师在教授语法点时要不断地循环往复，这种循环往复并不是简单的重复，而是应根据具体情况有变化地重复。语法是抽象的规律，涉及范围广泛，学生不可能通过教师一两次的讲解就能掌握，而是要经过“认识—理解—掌握—运用”的过程才能形成长时记忆并将其掌握。

三、核心素养背景下大学英语语法教学的方法

对于学生语法能力的培养，教学方法起着关键的作用，教学方法选用得当就会使学生学习和教师教学取得事半功倍的效果。在核心素养背景下，大学英语教师可采用以下几种方法开展语法教学。

（一）演绎与归纳教学法

演绎法是大学英语语法教学中常用的一种教学方法。采用演绎法进行教学就是要先引导学生初步了解语法规则，然后通过举例验证所学的语法规则。演绎教学法主要涉及三个步骤：一是提出语法规则，二是举例说明，三是解释语法规则。语法教学中采用演绎法进行教学，实际上是一个从理论到实践的过程。这种教学方法易于操作，省时省力。演绎教学法比较适用于具有强烈学习动机的学生，以及一些复杂的语法规则的讲解。演绎教学法能够有效激发学生的学习积极性和增强学生的学习自信心，有助于学生对语法知识的准确掌握。需要注意的是，教师在采用演绎法进行语法教学时，语法规则的讲解

要简明扼要，列举的实例要简洁清晰，不必讲解过多的规则和例外情况。

归纳法是与演绎法相反的一种方法。归纳教学法是一种发现型教学方式，通过分析、总结语言使用规律，深化学生对语法的理解，提高学生发现、解决问题以及对比、归纳问题的思维能力。归纳教学法具体包含三个步骤：一是观察，二是分析和比较，三是归纳和概括。采用这种方法开展语法教学时，教师先向学生呈现一些具体的语言材料，语法规则包含在这些语言材料之中，然后引导学生在分析、对比这些语言材料的基础上总结和归纳出语法规则。需要注意的是，教师在呈现语言材料的时候可辅以图片、实物、影像等直观材料，给学生创设一个真实的情景，这在激发学生积极性的同时，也能帮助学生建立语法规则与语言情景之间的联系。

（二）任务型教学法

学生学习语法的最终目的是运用语法，所以将任务型教学法运用于大学英语语法教学是一个不错的方式。任务型教学法融合了交际教学法的理论和研究成果，以任务为中心，注重学生的主体地位，根据学生的不同水平创设不同的任务型活动，让学生在完成任务的过程中调动学习内驱力，锻炼学生发现问题、解决问题的能力，培养学生的合作意识，让学生体验完成任务后的喜悦，发挥学生的潜能。任务型教学法在大学英语教学中的实施具体包含以下三个步骤。

1. 任务前

任务前阶段主要是进行准备工作，这是保障任务活动顺利进行的必要条件。在这一阶段，教师的主要任务是让学生了解任务的主题以及要达到的目标。教师可采用不同的方式引入主题，如展示图片、组织学生讨论等。教师还要提前预测并解决任务中可能出现的问题，如教师可以提供某些词语或词组，让学生听录音或听课文等。这些准备对帮助学生回忆词语、有效完成第二阶段的活动十分有利。例如，教师可以布置巩固一般将来时用法的任务，组织学生以 My Dream 为题目写一篇文章。

2. 任务中

任务中主要分为三个环节。第一个环节是执行任务，教师可以组织学生以结对子或分小组的形式完成任务。在这一环节，学生可运用所学的知识表达思想，内容可以围绕与主题相关的材料进行。教师可给予学生必要的帮助，但不能干预学生的活动或对学生的错误进行纠正。在这一过程中，教师可引导学生就 My Dream 这一题目进行构思。第二个环节是策划，学生可以草拟或预演下一环节的书面内容或要说的话。教师可就学生的活动情况提供帮助，学生此时也可向教师提问。第三个环节是报告，教师让学生汇报任务成果，然后对汇报的内容进行点评。

3. 语言点

语言点的教学包含两方面，即分析和练习，其目的是使学生了解语法规则，并通过练习巩固所学内容。在这里，分析并不是指语法分析，而是教师根据课文设置一些与语法点相关的任务。教学中，教师主要是分析学生在运用一般将来时的语法时是否存在错误或者表达不妥的问题。在练习阶段，教师可根据具体内容组织各种练习活动，如朗读词语、完成句子等，以巩固学生的知识。

（三）对比分析法

因英汉文化背景的差异，英汉语言也有着各自的特点，两者也呈现出较大的差异。据此，在大学英语词汇教学中，教师可采用对比分析的方法来开展教学工作。

我国学生一直都是在汉语环境中学习英语的，固定的汉语思维模式必然会影响学生的英语学习，而这也会给教学带来一定的阻碍。此时，教师可在了解学生学习规律的基础上，在语法课堂教学中采用对比分析法进行教学。教师应让学生认识到文化差异在语法学习中的重要性，并使学生了解英汉语法间的各种差异，这样就可以降低母语思维的负迁移作用，帮助学生更加有效地掌握英语语法知识。

英汉两种语言在语法方面呈现出诸多的差异，如英语中有名词单复数的变化，但汉语中没有；英语中的动词有时态变化，但汉语没有；英语中定语往往后置，而汉语定语多前置。例如：

The two books I bought yesterday in a book store are written by a famous writer.

我昨天在书店买的两本书是一位著名作家写的。

从上述英语原文和汉语翻译可以看出，英汉两种语言无论在名词、定语还是谓语上都有着显著的不同。如果不了解英汉语言在结构上的差异，就很可能按照汉语思维来表达英语句子，进而会出现很多的语法问题。因此，在大学英语语法教学中，教师应有意识地对英汉语言的差异进行分析，以培养学生的跨文化意识，并提高学生的语法能力。

总体而言，在教学改革的大背景下，教师要掌握先进的教学理论，更新教学理念，在遵循大学英语教学目标和科学教学原则的基础上，选用多样化的教学方法开展教学，以提高学生的词汇和语法能力，为学生交际能力的培养奠定基础，也促进大学英语词汇和语法教学的发展。

第七章　核心素养背景下的大学英语听力、口语教学

听和说作为口头交际的两方面，决定了交际的进展及结果，进而影响着人们的生产与生活。随着社会的发展和国际交际的日益频繁，具备良好的英语听说能力也越来越重要。相应地，社会对英语听说教学也越来越重视。在大学英语教学的过程中，听力教学与口语教学具有十分重要的意义，它们对于全面提升学生的英语综合运用能力具有积极的促进作用。为此，本章针对核心素养背景下的大学英语听力、口语教学展开具体分析。

第一节　教学改革背景下的大学英语听力教学

在当前核心素养背景下，为了切实提高大学英语听力教学的效果，对听力与听力能力展开研究，同时教师掌握相应的教学原则与教学方法就显得尤为重要。

一、听力与听力能力

（一）听力

所谓听力，是有声语言在人的大脑中转变为意义并接收信息的过程。相关专家对听力的概念也提出了自己的看法，如罗宾认为“听力是一个主动的过程，听者从听到和看到的信号中选择并解释信息，以确定正在发生什么事，说话者想要表达什么意图”。还有学者认为“听力是人在头脑中对口头语言输入构建意义的活动”。

可见，学者在提出的听力定义中都包含有“主动”和“构建”的字眼，也就是说听话人不只是简单地将自己听到的内容进行解码，他们需要将耳朵接收到的信息与大脑中已有的知识相联系，然后进行理解和推测，最终理解说话者真正的意图。

（二）听力能力

学者巴克（Buck）提出了著名的交际听力能力模式。根据这一模式可以得知，听力能力可细分为语言能力和决策能力。

1. 语言能力

语言能力指的是听话人的语言知识，如语法、语篇、语用和社会语言学知识。

（1）语法知识。这类知识主要是在语义层面上对较短的话语的理解，包括语音语调、口语词汇、口语句法等知识点。

（2）语篇知识。这类知识主要涉及对较长话语或两个以上交谈者互动话语的理解，如语篇衔接、修辞等知识点。

（3）语用知识。这类知识主要是对语篇功能方面的理解，或者是对相关语篇所要表达意思的深度把握。

（4）社会语言学知识。这类知识主要是对特定社会文化语境中语言内容的理解，如交谈者使用的语言是否得体等。

2. 决策能力

决策能力是一种执行能力，是指人们在听的过程中运用语言知识的能力。在听力理解的过程中人们需要利用各种策略来达到听懂的目的，而与此过程密切相关的策略分为认知策略和元认知策略。

（1）认知策略。这一策略包括三方面的具体内容，如下所述。

对听到的材料进行理解。

将所理解的信息存储在长短期记忆系统中。

从记忆中提取被储存的材料信息。

（2）元认知策略。这一策略包括三方面的具体内容，如下所述：

在对话开始之前，对听者自身的知识、供其使用的内外部资源以及对所听材料的限制情况进行检测。

在对话过程中，对本人及对方的听力效果进行检测。

在对话结束后，同样对本人及对方的听力效果进行检测。对听者语言运用的好坏情况进行检测。

二、核心素养背景下大学英语听力教学的原则

从本质上来看，大学英语教学中的“听”是对口头信息的理解能力。近年来，虽然教师加大了对听力技能的训练，但是成效并不明显，原因之一就是教师在听力教学中没有遵循适当的原则。为此，下面来分析大学英语听力教学的原则。

（一）渐进性与多样性原则

1. 渐进性原则

英语听力学习是一个循序渐进的过程，而不是一蹴而就的。循序渐进原则主要体现在听力材料的选择上，教师应该从学生的实际情况出发选择适合学生的听力材料，做到从简单到复杂。在听力教学的初期，应该选择那些语速较慢、吐字清晰、连读情况较少的材料。

另外，听力材料的语音、语调要尽量真实、自然，要符合实际交际场合中的说话风格。另外，听力内容可以选择新闻、热点，也可以选择故事、日常生活会话，无论是哪一种，都要尽可能调动学生的积极性和主动性，让学生在听力教学的过程中学有所得。

2. 多样性原则

学生培养听力能力的重要途径就是在课堂上听教师的讲解。因此，在实际的教学中，教师可以按照由慢速到快速、由简单到复杂的原则组织教学，并且鼓励每一位学生大胆讲英语，发表自己的见解，以创造浓厚的学习氛围。此外，教师应该从不同的教学目标出发，选择多样的听力材料和训练模式。例如，如果目的是让学生对语音进行区分，那么教师可以给学生几组发音相似的词汇，让学生边辨别边体会；如果目的是归纳文章的主旨大意，那么可以允许学生用母语作答等。

（二）兴趣性与交际性原则

1. 兴趣性原则

兴趣是最好的老师。对于任何教学和学习活动而言，兴趣都是至关重要的，对于听力教学来说更是如此。在进行听力教学之前，教师首先要了解学生的兴趣所在，即学生喜欢何种听力活动，对哪些听力材料感兴趣等，然后以此为依据来选取相应的教学方法来激发学生的学习兴趣，调动学生的学习积极性，保证听力教学的顺利开展，提高教学效率。

2. 交际性原则

培养学生的英语交际能力是英语教学的最终目标，大学英语听力教学也毫不例外。因此，交际性原则是听力教学的根本性原则。在听力教学过程中，教师应严格要求自己，做到发音准确、语速正常，身体力行地引导学生使用英语进行交际。

（三）听觉与视觉相关联原则

听觉与视觉相关联原则即引导学生注意视觉信息、引导学生注意听觉信息，另外还需要引导学生利用自己的已有知识进行学习。

1. 引导学生注意视觉信息

在英语听力教学中，教师可以运用图片、图表、文字等工具为学生提供视觉层面的信息。很多人认为，听力理解的信息应该是听觉信息，但是那些与听力相关的图片、图表、文字等也对学生的听力理解有很大帮助。例如，在英语新闻报道中，电视屏幕下方的新闻关键词对于理解新闻信息有很大的帮助。同样，那些与听力内容有关的图画或者画面也有助于学生理解听力材料。因此，在英语听力教学中，教师应该运用各种方式来引导学生注意视觉信息，从而帮助学生对听力材料的内容加以理解，提升学生自身的听力水平。

2. 引导学生注意听觉信息

听觉信息主要包含语气和语调两部分。一般情况下，对于同样的一句话，不同的人往往会使用不同的语气和语调，他们说出的语义也会发生改变。很多时候，学生可能对所听到的内容会呈现出不太确定或者不太理解的状态，但是该语言材料的语气、语调会对话语的意图进行确定，如是夸张语气还是委婉语气；是喜悦语气还是悲伤语气；是幽默语气还是愤怒语气等。因此，教师应该为学生选择一些带有语气、语调的听力资料，让学生能够将语言材料的内容与语气、语调相结合，形成一个个图式，并将该图式内化到该材料的知识体系中，因为这样才能帮助学生解决类似的问题。

（四）分析与综合相结合原则

在听力教学中遵循分析与综合相结合原则，就是要将分析性的听与综合性的听结合起来。

1. 分析性的听

分析性的听主要包含两层含义：在听的过程中进行语言分析；把听的材料进行分解，让学生分步听。简单来说，就是分析性的听较注重听的细节，小到一些词语、词组、句子、句组，大到一些段落、文章。学生在听的过程中要逐词逐句地进行分析，尤其要记住文章中涉及的一些时间、地点、数字等内容。

2. 综合性的听

综合性的听是指对听力材料进行整体性的理解，其主要适用于解决听力材料中的主旨大意以及对整体思想的分析问题。因此，在进行综合性的听的时候，教师如果想让学生保持听的积极性，可以先降低听力材料的难度，然后再逐步提升。

分析性的听着重于细节，而综合性的听着重于深层含义，分析性的听是综合性的听的基础。在听力训练中，由于大多数听力题会涉及文章大意以及细节，因此需要将二者有机结合起来。

三、核心素养背景下大学英语听力教学的方法

在核心素养背景下，教师只有在听力教学过程中采取合理的教学方法才能真正提升学生的听力水平，培养学生的交际意识。教师可以采取如下一些教学方法。

（一）创设语境法

我国的英语教学缺乏真实的英语语言交际环境，导致学生不能很好地了解英语语言的风格以及中西文化背景之间的差异，进而给听力理解带来一定的障碍。因此，教师应对此予以重视并尽可能给学生提供真实的语境，让学生在真实的情景中进行听力训练，从中了解中西文化差异，促进听力理解。例如，教师可以通过播放《走遍美国》的片段让学生感受剧中主人公一家的幸福生活和经历；通过让学生看《歌舞青春》，看完后就剧中情节展开讨论，并模仿人物表演，从而激发学生学习的兴趣，增强学生学习的主动性与积极性，提高学生跨文化交际的能力。

（二）策略教学法

英语听力材料往往在结构与逻辑等方面有自己的特色。在很多情况下，学生在进行听力练习过程中出现的问题是由于缺乏相应的听力策略所导致的，因此教师应向学生讲授精听、泛听、寻听、略听以及预测等策略，以切实帮助学生提升听力理解水平。

1. 精听

精听要求听者在注意力高度集中的情况下尽量把听到的语言材料完全听懂，包括材料中的每一个单词、每一句话，并且要准确把握语音和语调。这就要求听者反复、多次地听，甚至是逐词逐句地听。听力练习和测试中常见的“听写”题型就要求听者采用精听策略。听者只有准确地把握所听内容，准确理解每一个单词、每一句话才有可能顺利完成听力任务。除了听写形式之外，精听还有语音、语调模仿练习和英文歌曲学唱等形式，这类精听形式以准确把握每一个单词、每一句话，训练听力基本功为基础，目的在于熟悉目的语使用者的语音、语调等，帮助学生纠正自己的发音，提高听力理解能力。

2. 泛听

泛听是指广泛地听各种不同风格、不同类型和不同来源的声音材料，如听英文广播、英文讲座、观看英文电视节目等都是常见的泛听形式。泛听是为了巩固和扩大精听的成果，因此在听的过程中应注重对所听内容的整体把握。可见，泛听的目的是更多地接触语言现象，提高听觉的反应能力和对所听内容的整体理解能力。因而，泛听是不需要听懂每一个单词、每一句话的。泛听是一个连贯的过程，听者不需要将注意力过多地集中在对个别生词、短语的理解上。

3. 寻听

寻听是为了寻找特定的信息，这就需要听者在听之前明确所要寻找的特定信息是什么，即有针对性地听，减少听的负担，提高听的效率。例如，下面的听力任务是根据所听内容补全一个申请表中的个人信息，在听的过程中学生注意寻找所需信息即可。

APPLICATION

NAME：Ted

ADDRESS：Drive

TELEPHONE：88-

WORK：

CREDIT CARD NUMBER：

4. 略听

略听是指在听的过程中将注意力集中在篇章的题目、首句和尾句以及关键词上而不过分关注所听内容的细节。略听适用于了解材料大意。当听者需要判断是否有必要听材料的详细内容时往往也会采用略听策略。

5. 预测

预测是理解口头语言的重要方法，是积极的学生在听力过程中必然会出现的一种心理现象。在进行母语交际的过程中，交际双方一般会无意识地进行预测，但是在运用英语进行交际的时候，大多数听者会将注意力集中于对对方内容的理解上，而忽视了预测这一过程。事实上，预测有助于减轻大脑信息处理的负担，有助于使信息的处理获得最佳的效果。预测贯穿于听力过程的始终，主要包含以下两种：

（1）在听力播放之前，学生可以根据已知的文字进行预测。学生在平时的学习中听的大多都是测试性材料，这类材料一般以选择题为主，故学生可根据下面已经呈现的个别信息来预测将要听的材料内容。

（2）在听力过程中，学生可以根据已经播放的信息进行预测。简单来说，就是根据上面听到的内容来预测下面将要说的内容。

（三）巧记笔记教学法

在听力学习过程中，有效地记录笔记能够帮助学生捕捉关键信息并提高听力学习的效率。为此，教师需要引导学生掌握一些记笔记的技巧。例如，主题图式笔记（topic map）技巧。该技巧就像观光导游图一样，具体包括：根据讲话题目以及与内容相关的学科领域事先对可能涉及的各个主题加以罗列；查阅与主题相关的资料并列出需要提出的问题和希望知道的新信息；弄清各要点之间的关系。

在具体听材料的过程中，学生将听到的相关信息归入列好的标题下。如果有新的内容出现，可适当补充新标题并对信息进行归类。这样一来能节省大量的时间和精力，同时还能保证注意力的集中。

主题图式记笔记往往需要事先准备，这其实相当于一次认真的课前预习，也就在对所听材料相关内容的准备过程中在无形中熟悉了听力材料，有助于在具体听的过程中大脑对新信息的处理。主题图式笔记可以使听者在听之前就在内心对听力材料中的问题有一定的判断，更加有利于注意力的集中，使听的过程更加具有侧重性。

（四）信息技术辅助教学法

随着科技的不断进步，信息技术对人类的影响日趋重要，也有很多的专家、学者对信息技术的概念进行了探讨。他们从不同的层面出发来论述“信息技术”这一专业术语。信息技术有广义与狭义之分。广义的信息技术指的是那些能够实现信息获取、信息传递、信息加工、信息再生、信息交换、信息使用等功能的技术；而狭义的信息技术指的是以计算机为核心，对各种形式信息进行信息获取、信息传递、信息再生、信息储存、信息检索、信息转换的技术。从定义中可以明确看出，现代信息技术是一门综合性很强的技术。

信息技术的进步为英语教育的发展带来了契机。其中，多媒体技术和网络技术在听力教学中的运用最为普遍，并且起着不可忽视的作用。学生使用的大部分听力教材内容陈旧、语言老套，是无法满足现代英语学习的要求的。对此，教师可有效利用当前十分普及的信息技术。例如，教师可以指导学生在课外找寻一些适合自身水平的网络听力资源进行听力能力的训练，如 BBC、VOA 等，这些网络听力资源不仅语言地道、内容丰富，而且具有信息量大、时代感强等特征，可有效弥补传统听力教材的不足。

学生通过大量地听取网络听力资源，不仅可以接触实时的交际材料，而且还可以通过一定的语境练习来提高英语语言的实践能力。另外，网络听力资源可以让学生拥有自主选择权，不受教师和教材的限制，学生既可以选择听一些与课外内容相关的知识内容，扩充背景知识，也可以选择自己感兴趣的其他听力资源来听。事实上，信息技术可以为听力教学提供以下方面的教学优势。

1. 创设立体的输入环境

现代信息技术可以为英语听力教学创设新颖、立体的教学情景。根据学习者学习语言过程中心理上出现的一系列变化可知，立体输入相对于单一的视觉或听觉输入而言更具有优势。教师通过多媒体、网络等教学设备，可以将听力教学中所涉及的抽象材料具体化，利用声音、图像等为学生建构可以理解的听力信息，使他们对听力学习产生极大的学习兴趣，在此基础上达到知识的内化。这样一来，学生不仅能够掌握丰富的语言知识，而且能够对西方国家的文化、习俗、生活习惯、语言规则等有一个全方位的了解，进而实现知识文化与交际文化的有机融合。

现代信息技术的应用使听力教学能借助动态与静态的画面、不同的色彩与表现方式等来创设动静结合、图文并茂、声情交融的立体化教学环境，多角度、多层次、全方位地展现教学内容，令学生通过视觉、听觉等多种感觉的共同作用，增强输入资源的广泛性，提高听力学习的效果。

2. 采集与整合输入资源

通过采集信息技术与整合英语听力教学的内容，可以大大丰富英语学习的资源。输入信息质量的高低在一定程度上决定着学生理解、输出语言信息的质量，因此采集、整合高质量的听力输入信息就成为英语听力教师的重要任务。作为现代信息技术下英语听力教学资源、内容的提供者与组织者，教师需要最大限度地利用自己的专业知识，为学生采集真实、相关的听力材料，为了方便学生随时学习，教师可将自己采集的教学资料、自制教学素材、电子刊物、听力学习的网址等建成一个资料库，供学生随时调用，不过需要注意的一点是，教师为学生采集、整合的听力材料的难度应该高于学生的学习水平，过难或过易都不利于学生的听力学习。

3. 修正输入资源

在信息技术下的英语听力教学中，修正输入资源包括以下几方面。

首先，对语音类材料的修正。修正语音类材料通常可采用重复、降低语速、经重复后简化、改变输入模式等方式。在功能设计上，可以将语音材料修正的请求设计成一种帮助键的模式，目的是为学生提供输入修正的机会。学生在听力学习的过程中可以多次点击帮助键，每一次听到的帮助方式也是不同的。例如，当学生听到一个超越自己理解能力的英语句子时，学生可以点击帮助键，获取再一次听力输入的机会，即重复；如果学生不能理解该句子，可以继续点击帮助键，此时播放的句子语速就会放慢。可见，设置帮助键可以给学生选择输入修正方式的权利，体现了对学生个体差异、学习风格的尊重。

其次，对文本格式类材料的修正。修正文本格式类材料通常可以采用词语转换、经重复后简化、改变输入模式、参考相关材料等方式。在功能设计上，需要在保留上述语音材料输入修正的前提下，借助超文本链接为文本材料补充内容。例如，当学生在听一篇短文时，可能会遇到个别的生词或缺乏对文化背景知识的了解，这时学生就可以利用词语转换的方式进行输入修正。当学生将鼠标放在有特殊标记的文字或句子上时，就会激活超文本链接，于是就显示出可以替换该词的其他词语。事实上，这种修正方式已经被广泛运用到网络文字材料的修正过程中。

可见，借助信息技术的听力教学改变了传统教学中学生的被动接受地位，使他们从知识的被动接受者转为听力理解过程中意义的自主建构者。他们以自己的整个身心去感受听力语篇中呈现的各类信息，同时借助网络将自己的观点与思想生动地传达出来，主动参与学习交互活动，培养了自主学习的能力。

综上可知，信息技术的有效利用可以极大激发学生对英语听力的兴趣，开发英语思维，消除学生在传统课堂中被动接受信息的弊端，可以最大限度地调动学生学习英语听力的积极性，真正使学生成为学习的主人，提高学习效果。

第二节　核心素养背景下的大学英语口语教学

口语是人与人之间面对面地进行口头表达的语言，是人类社会使用最频繁的交际工具。因此，口语对于英语综合运用能力的提升十分重要，口语教学也就成为大学英语教学体系中的重要组成部分。

一、口语与口语能力

（一）口语

口语即口头语言，指的是人们日常口头交谈时使用的语言，该种语言是日常会话的通俗语言。可以说，世界上所有的民族都有自己的口语，这种语言是通过声音来传播的。相关学者提出，口头语言通常有三个阶段，这三个阶段各有自身的特点。

1. 由听话转到说话阶段

不管是学习母语还是英语，听都是学习的重要前提。换句话说，听话是说话的前提，只有说话者了解了听的机制，才能有效地开展口语交际。因此，在英语口语教学中，教师应合理安排好听的教学活动，对先听后说的规律给予充分重视，通过听的训练来把学生主动开口说的兴趣激发出来，调动学生开口说的积极性。可见，英语口语教学必须以听带说、以听促说，将听与说有机结合在一起。

2. 由不自主到自主阶段

英语的学习与使用常常要经历一个由不自主到自主的发展过程，英语口语的学习也不例外，学生在刚刚开始学习英语时常处于一个被动、不自主接收的阶段。但是学生在个性差异与努力程度方面具有不同的特点，因此这个阶段的长短也会因人而异。

在英语口语学习的初级阶段，学生常常会忽视语言意义的学习，主要将注意力放在语言形式上。在英语交际中，学生很难对对方话语的内容有所关注，他们感兴趣的主要是对方的词句。当然，随着开口说英语次数的不断积累、对说话环境的适应以及习惯的养成，学英语的人经过不懈的努力，就可以从不自主状态转化为自主状态。自主说英语的状态表现为：注意力主要集中于自己所说的内容和对方所说的内容，而不是语言形式；怎么想就怎么说，而不是先想好了再说。

说话中的自主感和不自主感的确定主要取决于说话人的心理状态，其次还受说话人语言水平的影响。当说话人在主观上和心理上将英语视为一种交际语言时，就可以轻松、自由地进行表达，因此会产生一种自主感。在这种自主感的影响下，说话人关注的是语言的语用含义，不拘泥于语法、结构、规则。

根据说话的这种机制，英语口语教学中应力求使学生树立自主的英语学习感受。教师可以遵循说的心理规律，创造与学生语言水平相吻合的情景和轻松愉快的课堂气氛，引导学生积极地按照话题思考、想象、回忆，经过不断实践，学生的自主感就会固定下来。

就宏观层面而言，说英语的自主与整体心理有紧密的联系。我国传统的英语教学模式以教师为中心，学生很少开口，进行说的训练有助于改变这一现状，使学生多开口、多思考，积极主动参与到教学活动中来，使学生从消极的知识接受者变成积极的参与者。随着说的训练的不断展开与深入，学生就各种问题展开讨论和辩论，阐述自己的观点，这样就提高了学生的自信心。学生说英语的自主感的形成与整个心理状态的完善息息相关。自信心强对说的自主感发展有积极的促进作用，反过来，说的自主感又会提高学生的整个心理素质。因此，在英语口语教学中，教师不仅要关注教学技艺和训练方法，还要重视开发教育和非智力因素教育。对学生要以鼓励为主，对敢说和说得正确的学生给予肯定和表扬，尽量不用明示法纠错。

3. 由想说到说明白阶段

动力是人类行为动作的基础。在说话过程中，只有说话人产生想说的念头，才会进行交际活动。当念头产生之后，说话人主动将想说的内容与言语的表达形式相联系，进而诱发"如何说"的行为状态。总结起来，说话人从想说到说明白，就是说话的心理机制。至此，言语活动产生。

通过上述对口语的研究可以发现，动机是交际产生的前提与基础。而说的活动既是一个想说、说什么和怎么说的过程，也是一个不断观察、调整、修正的过程。

（二）口语能力

口语能力是指个体通过听、说与他人进行顺利交际的能力，是语言能力的一种外化。口语能力要求学生综合运用学过的语言知识与材料进行创造，该能力是英语口语教学的根本目的之一。

口语实践是提高英语口语交际能力的根本途径，然而口语能力的提高是一个漫长的过程，学生要想提高自己的口语表达能力只有一种途径——多说、多练。当口语达到一定水平时，英语语感就会慢慢出现，英语思维也在这一过程中逐渐形成，而英语思维的形成会有效提高英语口语输出的效率和准确度。

口语能力的提高既会受到主观因素的影响，也会受到客观因素的影响。其中主观因素包括词汇量的多少、发音的准确与否、兴趣的大小以及文化背景知识等。客观因素则包括语言表达的环境、场合等。教师在口语教学过程中务必要注意主、客观两个因素对学生口语能力的影响，如此才能有效提高口语教学的质量。

二、核心素养背景下大学英语口语教学的原则

大学英语口语教学是为了培养、训练学生语言知识的表达能力，即让学生通过读和听获得信息，在原有知识的基础上对它们进行加工、重组并赋予新的内容，然后再输出语言完成整个交际过程。为了达到这一目的，大学英语口语教学必须遵循以下原则。

（一）科学性与互动性原则

1. 科学性原则

在学习英语时不可避免地会出现一些错误，口语学习也是如此。在口语教学中，纠错是否处理得当将直接关系到学生口语学习的积极性以及教学效果，因此在口语教学中需要客观地、科学地对待纠错。既不提倡有错必纠，不放过任何一个错误；也不提倡对错误置之不理，认为错误是很自然的现象，这样会让语言朝着更为僵化的方向发展。

在口语练习中，针对学生出现的各种语言错误，有些教师会立刻打断学生的思维，纠正学生在口语表达中的错误，这种方式容易打击到学生的学习积极性，在一定程度上

增加了学生的恐惧心理，长此以往，学生会因害怕出错而逐渐丧失使用英语口语表达的勇气，这种纠错方式是不可取的。教师可以在学生表达结束之后再对其错误之处进行纠正，同时需要讲究一定的策略。

首先，在实际操练语言的场合，教师对学生的错误可多纠正；在运用语言进行交际的场合，则没有必要进行过多的纠正，只要不影响正常的交际即可。

其次，对于口语水平较高、充满自信的学生，当众对其纠错能够给这样的学生带来心理上的满足；然而对于口语水平较低、严重缺乏自信心的学生，则需要避免当众纠错，防止加重学生的自卑心理。

因此，在口语教学过程中先表扬、再纠正是正确的纠错方法，这有利于增强学生口语学习的自信心以及为学生提供自我纠正的机会。

2. 互动性原则

语言使用能力是在互动中发展起来的，离开互动，学生的语言使用能力就难以得到提高。互动中潜藏着语言习得的机理。教师在英语口语教学中不能将口语训练视为机械的训练，而应该认识到英语口语训练是一种互动的操作训练。互动性原则强调的是动，也就是对某一话题进行有意识的、动态性的练习。学生必须在互动的口语训练中练习自己的口语，才能有效提高自己的口语能力。

口语互动中涉及引出话题、话轮转换、请求澄清、请求重复、获得注意、获得帮助、结束谈话等会话技巧和策略。学会这些口语策略与会话技巧将有助于交际活动的顺利进行，有助于预期交际目的的达成。但是，如果教师在口语教学中总是单纯采用提问的形式，会使大部分学生都很少有机会开口说英语，这样的互动交流对提高学生的英语口语能力没有什么益处。

为了使全体同学在课堂上都能够参与口语交流，教师应该多开展生生之间的互动训练活动，如对话练习、小组讨论、角色扮演等，这种小组活动能让更多学生参与到英语口语互动中，为学生提供更多独立说话的机会和时间，有助于他们克服开口说话的焦虑感，不但可以有效提高英语口语能力，而且能够提高学生的学习动机、选择能力，培养学生的独立性、创造性等。

（二）先听后说与多说原则

1. 先听后说原则

听和说是交际活动中相辅相成的两方面，听是说的前提条件。在口语交际的过程中，需要在听懂对方话语的前提下才能说合适的话语，从而进行有效的交际。具体到实际的英语口语教学中，学生通过听来获取相关的语言信息，逐步涉及大量词汇，从而有效地激发学生的表达欲望，尤其是当有了足够的语言储备后，学生就会实现真正意义上的口语会话，这也是经过听的积累后所达到的必然结果。可见，遵循先听后说的原则，在听的基础上不断进行积累和模仿，有利于不断地提高说的能力。

2. 多说原则

要想提高口语水平，只靠学习和掌握理论是远远不够的，必须通过大量的实践，可以说口语训练是实现和提高口语表达能力的关键。因此，教师应多鼓励学生使用英语，当他们英语用多了便能够熟能生巧，那么口语水平也就自然而然地提高了。要想做到这一点，教师可以从以下几个层面着手：

（1）教师应给学生树立榜样，在课堂上尽量用英语完成教学，当然如果遇到高深的词语也可以稍微穿插一下中文的解释，但是整节课的主旨还是以英语为主，让学生不断受到感染。

（2）在训练上，为了能够让学生有更多的训练机会，应将集体练习与个别练习相结合。其中前者主要是全班练习、分行练习、分排练习等形式；而后者主要是按照座位进行，也可以由教师选定。

（3）在话题选择上，教师应选择能够与学生语言水平相匹配的话题，并且训练的内容也应是学生喜闻乐见的，给学生创造更多口语训练的机会。

（4）在课下，教师应多用英语与学生进行交流，让学生能够展示自己的口语水平，学生在交谈中不用时刻追赶教师的速度，而应该把握句子的准确性，并尽量使用不同的词汇和句型。

（三）渐进与策略传授原则

1. 渐进原则

英语口语教学不是一蹴而就的，是一个循序渐进的过程，在这一过程中需要教师由易到难、层层深入，循序渐进地展开。例如，在英语口语教学中，有些学生由于受本地语言的影响，英语发音常常夹杂着一些方言口音，针对这种情况，教师就需要结合学生具体的语言特点和发音困难，由易到难逐步引导并帮助学生克服这一发音问题，鼓励学生积极、主动地说出地道的英语。

2. 策略传授原则

为了让学生较好地运用所学的理论知识，教师应主动向学生传授口语学习策略，从而帮助学生扩充语言知识，提高学习兴趣，树立学生的自尊心和自信心。一般情况下，教师可以从以下两个层面着手：

（1）使用最小反应用语。所谓最小反应用语，是指在交际过程中一方对另一方所说的话表现出来的理解、疑问、赞成等其他反应的一种习惯性表达。如果学生掌握了这些固定的习惯性表达，他们就不必专门耗费时间来计划自己的反应，从而将更多的注意力集中在谈话的内容上。同时，学生对最小反应用语的掌握也有助于使那些口语水平基础差、对自己自信心不足的学生在听到他人说话时能够做到及时应对，而不是只保持沉默，从而激发他们进行交际的积极性和主动性。

（2）培养自动辨认谈话模式的能力。自动辨认谈话模式也是提高口语表达的一种有效方法。在正常的交际过程中，谈话都是有用的，即所谓的“会话功能”，诸如感谢、道歉、问候、恭维、邀请等都属于会话的功能，一般情况下，交际双方会根据一定的谈话模式来开展或者转换自己的谈话，以期达到谈话的目的。谈话者在这样的谈话模式的指引下，可以根据语境对谈话的内容做出提前的预测。因此，在口语教学中，教师应该培养学生的自动辨认谈话模式的能力，从而学会对谈话的内容进行预测，保证交际的顺利进行。

（四）课内与课外兼顾原则

课内外兼顾原则是指不仅要注重课堂活动，还要兼顾课外活动。课堂教学是英语教学的重点，而课外活动是课堂教学的继续和延伸，与课堂教学有着密切的关系，因此教师除了注重课堂教学之外还需要注重课外活动。通过组织一些课外活动，可以巩固学生学过的知识，并且课外活动可以为学生提供一定的语言环境，有利于学生进行交际。

在这一过程中，教师可以对学生的口语表达与交际适时地提供一些指导，帮助学生在不同的场合能够正确、恰当、流利地进行交际。另外，在课后教师可以让学生进行分组学习，在学习的过程中可以小组讨论，尽可能地利用有限的机会培养学生说口语的兴趣，从而不断地巩固和提高学生的口语能力。

三、核心素养背景下大学英语口语教学的方法

大学英语口语教学的方法有很多，在核心素养背景下，教师应根据口语教学的实际情况灵活选用教学方法，以达到提升学生口语表达能力的目的。

（一）交际策略教学法

所谓交际策略，是指“当某语言使用者在话语计划阶段由于自身语言方面的不足而无法表达其想要表达的思想时所采取的策略”。在实际的交际过程中，为克服因语言能力不足而导致的交际困难，交际者使用语言或非语言手段进行交际的能力即为交际策略能力。一般来说，交际策略主要包括两种，即直接交际策略与间接交际策略。

1. 直接交际策略

在进行口语交际时，学生不可避免地会遇到一些尴尬局面。在这种情况下，如果具备一定的直接交际策略能力，学生便可通过这些策略的运用来解决遇到的困难，使交际顺利进行。教师向学生传授的直接交际策略能力包括“补偿能力”与“协商能力”。

所谓补偿能力，是指发生困难时使对方理解自己讲话内容的能力。该能力主要包括如下几方面：

（1）使用肢体语言。在交际过程中，学生可适当借助肢体语言来表达自己的观点

与看法，保证交际顺利进行。

（2）使用同义词或类别词。在交际过程中，如果学生缺乏关于某一话题的词汇，可采用自己熟悉的同义词来代替，如用 dark 来代替 gloomy。

（3）使用会话填补词。在交际过程中，有时学生可能会一时想不出想要使用的语言，这时可适当运用一些填补词一边说一边思考，控制说话节奏，确保讲话连贯。

所谓协商能力，是在发生理解困难时获取意义的能力，包括澄清信号。在交际过程中，如果听话人没有完全理解讲话人的语言，或没能听清讲话人的意思，这时听话人可请求重复或直接要求讲话人加以解释。通过运用这一交际策略，学生可将自己的意思清晰地传达出来，使交际渠道畅通，从而使交际顺利进行。

2. 间接交际策略

除直接交际策略之外，还有一些间接交际策略同样有助于提高学生的口语能力，具体包括以下几方面：

（1）主动与他人进行交流。这是锻炼口语的一个最为直接的方式。很多学生就是不愿主动开口，对自己的口语能力非常不自信，总会担心说错或者遭受冷遇，寄希望于他人的主动搭讪，这就是太在意自己的“面子”问题，学生应该克服这种心理障碍，寻找主动开口的机会，锻炼自己的口语表达能力。

（2）缓解紧张感。在英语学习中，口语技能是受到紧张感影响最为突出的，很多人可能听得懂、读得懂，就是不会张嘴，说话时也紧张得断断续续、满头大汗。因此，学生可以在讲话前做几次深呼吸，或者可以在接受任务之前听一些简单舒缓的音乐，让原本绷紧的神经放松下来，用轻松的心态应对交流和探讨。

（二）复述教学法

复述教学法具体指的是一名学生向另一名学生讲述故事的教学方法，要求另一名学生进行复述，该口语教学方法可以为学生提供英语口语练习的机会，同时还可以提高学生听力和阅读方面的能力。复述教学方法的基本操作流程具体如下：

（1）教师给学号是单号的学生每人发一张英语报纸，指定每位学生应该读的一篇文章。

（2）学生按照老师提出的要求在十分钟内将文章看完并理解文章所表述的内容。

（3）教师将报纸收回。

（4）教师将单双号学生一一对应分到一组，要求单号学生将故事的内容复述给双号学生。

（5）双号学生在理解完文章后要依次将自己所听到的文章内容向全班同学复述一遍。复述完后，其他学生可以针对文章内容提出问题。

（三）分析教学法

学生自身的文化、交际风格、交际情感等都会影响用英语进行口语交流的效果。因此，英语教师应当向学生讲授自我分析的方法，引导学生通过自我观察等方法正确地了解自我在口语交际过程中的特点与风格，进而更好地采取相应的口语交际策略，使口语沟通达到既定的目的。具体来说，教师可从以下几方面入手：

1. 了解自身的情感态度

学生自身的情感态度有时能够决定交际的质量。在与他人交际之前，人们往往会产生一种由预先印象或定式带来的情感态度。这种情感态度往往使交际者戴着有色眼镜看人处事，导致误解产生，或不能做出正确的判断。学生如果能够事先认识到这一点的话，那么就能够避免这种先入为主的情感态度，也就能够减少这种消极情感态度对交际的影响。

2. 了解自身的交际风格

交际风格包括交际者喜欢的话题种类（如足球、家庭、职业、文学等）、交际形式（如辩论、巧妙对答、仪式化形式等）、交际渠道（言语渠道、非言语渠道）、希望交际对象参与的程度、交际者赋予信息的实际内容的多少以及他们赋予信息的情感内容的多少等。

人们总是能够在交往中察觉出对方的交际风格，却很少注意到自己的交际风格，这对交际的顺利开展是不利的。如果学生认为自己是开放型的交际者，而他的交际对象却认为他是内向型的交际者，交际就很有可能出现问题。因此，了解自己的交际风格对促进交际的顺利开展大有裨益。

3. 了解自身文化

每个人都生活在一定的文化之下，这些文化影响着人们对周围事物的评判标准。当人们遇到其他文化时，他们往往习惯于用自己民族的价值观念、行为模式、社会规范来加以衡量。因此，对自身文化尤其是自身文化优缺点的了解，有助于学生克服狭隘倾向，提高跨文化交际能力。

4. 自我观察

人们很少会问交际对象自己的交际风格如何，或要求对方对自己的交际风格做出评价。因此，自我观察就成为了解自己的交际风格、情感态度的最佳方法。在自我观察中，学生可以根据对方的反应来判断自己的交际风格、情感态度，从而形成一个正确的认识，并在以后的交际中发扬好的方面，改正或避免不好的方面。

（四）多媒体教学法

多媒体教学集语言、画面、声音三大媒介于一体，将声音与形象结合、语言与情景结合、视觉冲击与听觉感染力结合，使学生既能看到形象的动作、姿态和表情，又能听到纯正的语音、语调，仿佛置身于真实的英语环境中，可以轻松地融入语言情景中。在英语口语教学中，如果能有效采用多媒体展开教学，将会使学生置身于真实的语言环境中，为其学习提供大量语言信息。学生通过参与各种语言交际活动，将很容易提升自己的口语表达能力和得体的语言交际能力。另外，学生也可以观看一些英语原版电影等，丰富自己的语言背景知识，以适应新的交际需要。

近年来，在信息时代发展作用下，慕课教学作为一种在线教学与学习方式逐渐得到越来越广泛的应用。所谓慕课，即大型开放式网络课程，它并不是网络资源的简单堆砌，而是以主题的方式对教学资源进行的科学呈现，在大学英语口语教学中主要涉及以下几种形式：

1. 仿真对话教学

慕课视频教学由国外的交流者或者专业的英语教师进行英语口语对话训练，教师对此提出问题，并给学生留出思考时间，这就可以有效增强学生对口语仿真训练模式的直观感受，在由提问者与回答者构成的模拟现实情景中完成对话练习，以提升口语学习效果。

2. 为学生的口语练习提供平台

慕课教学背景使海量资源能够以共享的方式提供给学生，学生只需登录就可以进行口语学习。需要特别说明的是，慕课平台的资源具有多元化、及时性的特点，学生在提高口语能力的同时，还可以开阔眼界、丰富知识、拓展思维。

3. 展开板块学习方式

为适应学生的不同口语练习要求，慕课教学将口语学习划分为多个板块，如咨询口语学习板块、基本家常用语板块、专业英语学习板块等。为满足不同专业学生的需求，专业英语学习板块还可进一步划分为企业管理英语口语板块、计算机专业英语口语训练板块、旅游专业英语口语训练板块等。这样的方式可大大提升口语训练的针对性与实效性。

在英语口语教学过程中，教师也应注意向学生介绍一些英语国家人们的交际策略，使学生了解英语语言规则和交际规则，提高英语口语交际能力，在交际过程中更好地让自己的讲话内容被对方所理解，并更好地理解对方的语言，提高和改善口语交际效果。

第八章　核心素养背景下的大学英语阅读、写作、翻译教学

除了听、说技能之外，读、写、译也是很重要的英语技能。要想实现学生英语综合技能的提升，大学英语教学也应注重对学生阅读、写作、翻译能力的培养。在核心素养背景下，我国的大学英语阅读、写作、翻译教学应转变教学理念，采取有效的教学方法，切实提高教学效率。本章将重点研究核心素养背景下的大学英语阅读、写作、翻译教学。

第一节　教学改革背景下的大学英语阅读教学

阅读是一种重要的认知活动，是人类接受知识与认知世界的重要途径。就英语学习而言，阅读是一种重要的语言输入方式。大学英语教学的重要目标之一就是培养并提高学生的阅读能力。因此，大学英语阅读教学越来越受到重视。本节就来重点论述核心素养背景下的大学英语阅读教学的相关内容。

一、阅读与阅读能力

（一）阅读

简单而言，人们经常说的“看书”或“读书”就是阅读。对于阅读这一概念的分析，通常会将理解包含在内，有狭义与广义之分。狭义层面的阅读指的是利用视觉感官，通过思考对文字、文本所呈现的内容与意义进行理解的一种智力活动。广义层面的阅读指的是“借助于人的视觉、触觉（手或皮肤），并通过心理加工来理解文字、标符、图案、服饰、表情、姿态、自然现象和社会现象及其状态的内容和意义的一种复杂的心理活动、行为或过程”。阅读目的与理解过程也属于广义阅读的范畴。

美国教育部、国家文字研究所和儿童健康与人类进步研究将阅读界定为：阅读是将印刷品的意思传递出来的一种复杂系统。要想完成阅读，应具备以下六项技能：

（1）弄清楚文字和印刷品之间联系的技能与知识。

（2）对生词进行解读的能力。

（3）可以流利地读的能力。

（4）进行阅读理解的充足的背景信息。

（5）采取一些积极地通过印刷品来构建语义的策略。

（6）发展阅读动机，并使阅读动机得以保持。

在美国，下面三个关于阅读的定义被人们普遍接受与使用。

（1）学会阅读就学会了读单词。

（2）学会对单词进行辨认、对单词的含义进行理解。

（3）学会将词的意义带入文本中，从而理解文本的语义。

格拉贝对多年的实验与研究进行了总结，认为英语阅读应包括以下六个要素。

（1）自动认字技能。

（2）词汇与语言结构知识。

（3）语篇结构知识。

（4）社会与文化背景知识。

（5）综合、评价与策略。

（6）监控阅读的元认知知识与技能。

上述这六个要素对于英语阅读是必不可少的，它们之间既有明确的分工，同时又相互联系、相互配合。

通过上述分析可以进行如下总结：阅读是通过视觉感知语言信号之后，对信息意义进行处理、加工以及理解的心理过程。在阅读过程中，读者应根据自己已经掌握的信息、知识、经验来对语篇进行加工，以了解语篇的含义。

（二）阅读能力

培养并提高学生的阅读能力是英语阅读教学的目标之一。阅读能力是学生自学能力的基础，同时也是培养学生自学能力的重要途径。

胡春洞（1998）认为，阅读能力即阅读理解能力。他认为，阅读能力包括四方面的能力：阅读语能，指的是认识字词、懂得语法的能力；阅读才能，指的是对言语作品进行理解的能力；阅读智能，指的是对交际意念进行理解的能力；阅读技能，指的是用眼方法的能力。阅读能力是一种综合性的能力，通过阅读的过程体现出来。

章九和（2003）认为，阅读能力包括以下九方面：掌握阅读材料的主旨大意及与之相关的细节与事实；理解具体事实与抽象概念；理解每个句子的含义；理解上下文的逻辑关系，同时具有根据上下文逻辑关系进行推测的能力；理解字面意思与深层含义；能结合常识与阅读材料进行相关推断与引申；能结合上下文对生词含义进行猜测与推断。

阅读能力主要包括阅读速度与理解程度两方面。阅读速度是读者在单位时间内所阅读文章的长度；理解程度是读者对所读文章的理解程度。阅读的流畅程度与理解的准确程度是评价一个人阅读能力的标准。此外，胡建认为，阅读能力除了包括阅读速度、理解程度之外，还包括阅读的灵活性。阅读的灵活性指的是能根据不同的阅读材料与阅读目的而相应地对阅读速度与阅读方法来进行调整。

阅读能力受很多因素的影响。其中，影响阅读速度的因素有对速度技巧的熟练程度、视幅大小以及视读能力的强弱等；影响理解程度的因素主要是语言能力，具体指词汇量、语法、背景信息等方面的知识与能力。除此之外，阅读能力还会受读者注意力的影响。

二、核心素养背景下大学英语阅读教学的原则

教学原则对教学实践具有重要的指导作用。在核心素养背景下，大学英语阅读教学应遵循以下几条原则：

（一）真实性原则

大学英语教学应坚持真实性原则，具体要做到两点：阅读材料要真实；阅读目的要真实。

（1）阅读材料要真实。在选取阅读材料时，教师应尽可能地选择用本族语编写的材料；同时考虑学生的实际交际需求，尽可能选择多样化、与学生学习水平相符的阅读材料。

（2）阅读目的要真实。不同的阅读活动往往有不同的目的，不论出于何种目的，都应以真实为前提。学生阅读可能是为了验证自己已有的知识，也可能是为了获取特定的信息。教师应注意考虑学生的各种阅读目的，并有针对性地展开教学。

（二）因材施教原则

学生个体之间存在很多差异。教师在阅读教学过程中，应注意学生的这些差异，考虑不同学生的不同需求，最终使每个学生都能学有所得，取得进步。对于基础相对较好的学生，课堂阅读一般不能满足他们的自身需求。这时教师可以布置难度较高、具有挑战性的任务，使他们的需求得到满足；对于那些基础比较差的学生，教师应给他们提供相对简单的阅读材料，然后逐渐增加材料的难度，不断提高学生的自信，激发他们对阅读的兴趣，总体而言，在阅读教学过程中，教师应首先了解并分析每个学生的个性特征、学习水平等,然后对不同的学生提出不同的要求,采用不同的方法或技巧,做到因材施教。

（三）速度调节原则

学生普遍认为阅读速度与阅读能力成正比，这并不是完全正确的。有的学生阅读速度快，但是其理解能力比较差；有的学生阅读速度慢，其理解能力也很差。这就要求教师应根据不同的阶段与不同的目的，合理调整学生的阅读速度，做到张弛有度。在阅读教学刚开始时，教师应引导学生放慢阅读速度，注重对材料的理解。随着学生词汇量的增多以及语法知识的积累，学生的语感掌握能力也随之提高，这时教师应提高对学生阅读速度的要求，可以对学生进行限时，逐步增加训练难度。与此同时，也不能忽视学生

对阅读材料的理解。

（四）循序渐进原则

阅读能力的提高并不是一朝一夕的事情，它对读者的词汇量、语法知识、文化知识等都有一定的要求。同样，阅读教学的目标也并非短时间内就可以完成的，而是一个循序渐进的过程。因此，在阅读教学中，教师是需要一个合理的总体设计与长远规划。在教材的选择、阅读方法的确定、任务的明确以及教学效果的反馈等方面，教师都应进行全面、细致的考虑，引导学生找到适合自己的阅读方法，一步一个脚印，逐渐提高阅读水平，并有效地完成阅读任务。

三、核心素养背景下大学英语阅读教学的方法

教学方法对教学质量具有至关重要的作用。在核心素养背景下，要想切实提升大学英语阅读教学的质量，就应根据教学目标以及学生的实际特点选择适当的教学方法。下面介绍一些有效的大学英语阅读教学方法。

（一）语篇教学法

图式理论认为，如果学生了解了某一体裁、题材的语篇材料，就可能要对该材料在内容、遣词造句、框架结构等方面的内容形成一个整体的认知，下次遇到这类阅读材料就能从脑海中调出相应的图式，以辅助阅读理解。在大学英语阅读教学中，教师就可以从整体入手，然后到局面，最后回归到整体来进行教学，这种方法就是语篇教学法。语篇教学法在大学英语阅读教学中运用时可按照以下步骤进行：

1. 解析语篇体裁，掌握篇章结构

了解特定的语篇体裁，有助于快速、准确地预测文章的内容。在语篇教学中，对篇章结构进行语篇分析是一项重要的内容。这既有利于培养学生的阅读理解能力，又有利于提高学生的语言综合运用能力。

阅读材料体裁有多种，英语阅读中常见的阅读材料主要是记叙文与说明文。记叙文主要是传奇、故事、传记等；说明文则一般涉及饮食文化、科学技术、自然灾害、环境保护等。

如果阅读材料是记叙文，教师应首先引导学生了解记叙文的特点，然后让学生开始阅读，引导学生关注事件发生的过程，抓住文章的主要内容，从而对文章内容有一个正确的理解。此外，教师也可以让学生有意地记忆文章中的一些细节信息，让他们借助这些信息来对文章进行复述，有利于降低理解和复述难度。

如果阅读材料是说明文，教师首先要求学生大致了解说明文的性质、描写重心等，从而对说明文有一个整体的认识。教师可以通过举例、分类、解释、对比、因果等对说

明文进行分类，使学生更好地理解说明文的特性与写作展开的手法。

2. 激活背景知识，拓宽理解视野

背景知识是理解语篇必备的外部语境。因此，在采用语篇教学法时，教师应注意激活学生的背景知识从而使学生对文章有更深入的理解，同时有利于学生把握文章的中心思想与作者的写作目的。提问就是激活背景知识的一种常用手段。

3. 词句融入语境，获得整体理解

在语篇学习中，词句知识是最基础的部分，也是培养语篇阅读能力的前提。因此，语篇教学不仅应关注篇章结构与背景知识，还应注重词汇知识。

同一单词在不同的句子中具有不同的含义。句子也不例外，同一句子在不同语篇中，其所表达的含义与交际功能也有所不同。因此，应将句子置于具体的语篇中进行考察，如果句子脱离语境，就难以确定其交际功能，也不能起到应有的交际功能的作用。因此，大学英语教学应突破句子范围，关注句子在特定语篇中所具有的作用。

在不影响阅读理解的前提下，处理词、句子以及语法时就不必逐句释义；教师应培养学生根据上下文猜测词义的能力，使学生从语篇出发对词句的含义进行把握，将词句融入语境加以理解。

4. 逐段消化吸收，把握段落结构

在该阶段，教师应指出阅读材料中的重要短语、句型、固定搭配等语言点，并引导学生学会进行造句练习，达到学以致用的目的。

教师应有意识地向学生说明段落主题句经常出现的位置、段落的构成、每个段落在语篇中的作用，这样有利于学生对各段的意义与作用有一个整体的理解与把握。

5. 围绕阅读教学，进行综合训练

语篇教学的主要目的是将所学知识内化为语言技能，进而将语言技能转化为交际能力。在学生对语篇的内容、结构以及融合的知识有了一定的了解与掌握后，教师就可以引导学生进行整体吸收、运用，如指导学生根据篇章中的信息展开交际活动，如缩写、转述等，就作者的观点展开讨论，依据篇章中的重点词汇与句型进行说写活动等，使学生的语言表达能力与交际能力得到培养与提升。

将语篇教学法运用于大学英语阅读教学具有明显的优势：注重学生的主体地位与主体参与性；明确了阅读教学的目的，强调学生能力的全面培养。

（二）讲授阅读策略法

有效的阅读策略有利于提高阅读效率。因此，在大学英语阅读教学过程中，教师应给学生讲授一些常用的阅读策略，如略读、查读、预测、猜测词义、寻找主题句、推理判断、识别指代关系、复述、转述等。

1. 略读

略读是以快速浏览的形式来获取文章的大意的一种阅读方法。略读是一种选择性阅读，学生在阅读时可以有选择地去进行跳跃式阅读，通常只需要选读每段的首、尾句，有时只要指出段落的主题句，把握重点事实和细节即可，速度一般为每分钟400词左右。

略读通常要留意以下几方面的内容：

（1）文章的题目、小标题、黑字体、斜字体以及画线部分。

（2）文章的开头与结尾。

（3）文章中每一段的段首和段尾。

（4）文章中与主要内容相关的信息词，如表达逻辑关系的提示词等。

2. 查读

查读也是一种快速的阅读方式。查读的目的性很强，主要是从阅读材料中快速、准确地查询特定的细节内容。

查读时应注意以下的信息：标题、图表、关键词、主题词、专有名词、板式以及印刷特点等。

3. 猜测词义

猜测词义主要是通过上下文或一些词汇结构知识来对词性或词义进行推断，猜测词义的方式有很多，如利用信号词猜测词义，信号词在上下文中起着纽带作用，这些词可辅助学生猜测生词含义；根据词汇构成猜测词义，学生可以根据构词法知识尤其是词根、前缀、后缀的意义等来猜测词义；结合实例猜测词义，有时下文中给出的例子会对上文中提到的事物给予解释，此时可以结合例子来猜测生词的含义；依据意义上的联系猜测词义，有时句子中的词语或上下文之间在意义上有着一定的联系，可依据这一联系来猜测词义。

4. 寻找主题句

文章的主题句一般都体现了作者的写作思路以及想要表达的中心思想。因此，找到主题句是理解文章大意的关键。

主题句的位置较灵活，可位于段首，可位于段尾，也可同时位于段首与段尾，有时也可能暗含于段落中间。

（1）主题句位于段首。作者会在文章的开头就引出话题，接下来就会对这一话题进行具体的阐述，因此主题句常出现在段首。主题句在段首既可以使人一目了然，也易于把握文章整体。

（2）主题句位于段尾。主题句位于段尾时，主要是对上文所做的总结，也可能是对上文的描述提出的建议。

（3）主题句在段首与段尾同时出现。当文章的主题句同时出现在段首与段尾时，段尾的主题句既是对段首主题句的重复，也是对段首主题句的延伸与呼应。段首与段尾的主题句在用词和结构上有很大的不同。

（4）主题句暗含于段落之间。有时，文章的主题句暗含于段落之间，这就需要读者捕捉文章的细节信息，同时根据这些细节信息对文章的中心思想进行总结。

5. 推理判断

在阅读过程中，并不是所有的信息都可以从文中的字面意思看出来，因此阅读时就需要推理判断。推理判断则要求学生在理解全文的基础上，根据文章的各种信息对文章加以分析，从而准确推断出文章的中心思想。推理判断有直接推理判断与间接推理判断两种形式。

直接推理判断要求学生既要理解原文的表层意思，同时还要根据文章中的信息对文章的结论进行推断。直接推理判断题型中一般会含有一些标志词。

与直接推理判断相比，间接推理判断更为含蓄、委婉。它要求学生对文章的深层内涵进行挖掘，从而对作者的态度、文章主题等进行推测、揣摩。间接推理判断题型中一般不会出现明显表示推理的词（如 infer，conclude 等）。

6. 识别指代关系

通常情况下，作者会使用同义词或反义词来替代在文章前面部分已经出现的名词、形容词等，或使用代词、名词、助动词、副词等来替代已出现过的名词、动词、时间、地点等。在阅读过程中，学生能够清楚地识别阅读材料中的指代关系，有助于他们正确地理解阅读材料。

7. 复述

复述是在阅读后的练习活动中常用的一种策略。具体做法是，教师引导学生根据关键字、图片等对阅读材料的大致内容进行复述。需要注意的是，学生只有对阅读材料有一个大致的了解，同时也不具有词汇障碍时，复述才能顺利进行。

8. 转述

转述也是一种常用的阅读策略，它主要是针对对话性语篇而言的。具体做法是，教师让学生采用第三人称对所学的内容进行转述，并引导学生将对话性语篇转述为描述性语篇。

（三）导入文化背景知识法

在英语阅读学习过程中，经常有这样的情况出现，即学生已经具备了一定的语言知识，也具有一定的阅读能力，但是有时依然难以理解阅读材料，这主要与缺乏文化背景知识有关。由此可见，丰富的文化背景知识对阅读而言十分重要。实际上，阅读能力的提高，要求学生在具备一定的语言知识基础的同时，还要对目的语国家的社会文化背景知识有所了解。因此，教师应在阅读教学过程中注意向学生传授英语国家的社会文化背景知识，同时还应鼓励学生在课下阅读一些英美文学作品，使学生学习英语国家的文化，接触支撑表层文化的深层文化，同时使学生通过接触不同的结构与语言知识不断提高语言技巧。

此外，学生还应有意识地积累文化背景知识，去了解英语国家的地理、历史、文化传统、风俗习惯等，逐渐培养文化意识，从而更准确地理解阅读材料。

第二节　核心素养背景下的大学英语写作教学

写作是基于社会交际的需求产生的。与汉语写作相比，英语写作的难度更大，它既要求学习者使用英语遣词造句，熟练掌握写作的基本知识，同时还要求学习者用英语思维方式将自己的思想表达出来。学习者要想获得写作能力，必须经过长期的学习与练习。很多学生在写作时往往会根据汉语的思维对单词进行简单的叠加，一个句子中出现多个谓语动词的现象也很常见，还有的学生在表达时乱加 be 动词等。为了解决这些问题，就不能忽视写作教学的重要性。鉴于此，本节重点介绍核心素养背景下的大学英语写作教学。

一、写作与写作能力

（一）写作

写作是人类的社会言语交际行为。写作是通过对已有的知识、经验以及情境认知结构的主动、创造性地运用来进行书面的表情达意、传递信息的交际行为。换言之，写作是作者与读者之间进行有目的的交际行为的过程。同时，写作也是人类的高级神经系统的智力认识活动。写作是写作者利用已有的知识、经验以及情境认知结构以书面语的形式来交流思想情感、影响读者思想情绪的过程。在写作过程中，写作者可以围绕主题进行构思，对写作思想或信息进行组织、总结，选择合适的语言材料，用书面语言将思想与信息表达出来，从而实现与读者的信息交流。

（二）写作能力

培养学生的英语写作能力是英语写作教学的目标。关于写作能力的问题，目前学界主要有以下四种观念：

1. 传统的写作能力观

传统的写作能力观认为正确使用语法、篇章结构以及标点符号十分重要。根据这一观点，好的文章应该是具有自明性，也就是无论写作目标或读者群如何不同，文章从内容到形式都应确保意义明确。在这种观念的影响下，写作教学的重点在于将书面语言与形式规范层面的知识传授给学生。

2. 认知的写作能力观

认知的写作能力观以信息加工理论为基础，认为良好的写作能力指的是能够使用一套写作修订策略，在对范文进行模仿、对写作进行评估之后，通过不断修改，实现知识的重建。在这种观念的影响下，写作教学的重点应致力于提高学生使用写作策略的意识与能力。

3. 社会的写作能力观

社会的写作能力观认为，具备良好写作能力的写作者能掌握各种语类的表达形式。这样的语言表达可以使各种社会文化环境的交互需求得到满足。话语方式可以代表一个社会群体的特点。在对写作者的写作能力进行衡量时，一方面要看其文章的语言和结构与规范是否相符、是否具有写作技巧；另一方面还要看写作者是否可以对某一社会团体的语言特征与知识特征进行有效表达。在这种观念的影响下，写作教学的重点是结合对社会群体的交互特征的认识，通过写作使学生的语用能力得到提高。

4. 后现代的写作能力观

后现代的写作能力观则强调写作者通过文本将作者揭示与评判社会现实的能力体现出来。后现代的批评教育观认为学习语言的过程是学会和掌握一种力量，从而能够质疑、调整，甚至颠覆现有语言传统的过程——使学生逐渐形成这样的意识与能力是教师的责任。在这种观念的影响下，写作教学的重点在于培养学生通过写作对社会中的现实问题进行评价的能力。

上述几种观点是从不同角度对写作能力进行阐释，没有好坏之分。对这些观点进行了解，可以帮助教师对不同写作教材的侧重点进行比较与评价，并对自己的教学目标、方法以及效果进行反思，从而改进教学水平。

综合上述观点，我们认为，写作能力主要包括书写规范、端正，拼写与语法正确，语言通顺、主题突出，逻辑清晰、内容相对完整。

二、核心素养背景下大学英语写作教学的原则

（一）以学生为主体原则

大学英语写作教学首先要明确学生的主体地位，尊重学生的主体性，以学生为中心展开教学活动。只有激发了学生的兴趣，提高了学生的学习主动性，学生才能真正成为学习的主体。其中，小组讨论就是一种提高学生主动性的有效方式。在小组讨论时，教师可以采取多种方式，如可以采用提问法，也可以采用卷入式，如让学生集体回答问题等，还可以采用学生互助的方式。因此，在写作教学过程中，教师应注意引导学生积极参与其中，发挥其学习的自主性，不断提高写作能力。

这里需要注意的是，强调学生主体参与并不意味着学生可以独立写作，也不是对学生放任不管，而是注重学生在写作时可以参与写作的全过程，包括提纲的拟定、资料的收集、信息的处理、谋篇布局、初稿的修改与完善等。

（二）多样性原则

在写作教学过程中，教师应遵循多样化原则。

一方面，多样化原则指的是采取多种多样的训练形式。具体而言，教师可以引导学生采取扩写、缩写、改写、仿写、情景作文等方式练习，使学生不断掌握写作的技巧。

另一方面，多样性原则指的是教师引导学生在写作时采取多种多样的表达方式。

多样化的表达既可以弥补学生在语言知识方面的不足，又可以提高学生灵活运用语言的能力。

（三）对比性原则

对比性原则要求教师在写作教学过程中应注意向学生传授母语与英语之间各自的特点以及二者的差别，并为写作奠定基础。很多学生虽然具备了较好的中文写作能力，但在英语写作中用英语解码与编码的能力并不强，容易将中文写作习惯机械地迁移到英语写作中去，这样写出的作文就带有明显的中式英语的痕迹。因此，教师在教学实践中应善于对英汉两种语言与文化进行对比分析，引导学生了解这两种语言在构词、造句、谋篇以及思维方式等方面的差异，使学生在写作时使用地道的语言，采用英语思维，以提高写作质量。

（四）综合性原则

听、说、读、写四项基本技能相互影响、相互促进。写作并不只是单纯地写，而要与听、说、读紧密结合起来，只有这样，写作课堂才会更加生动，学生写作水平的提升才更明显。因此，大学英语写作教学还应体现综合性原则。写作可以作为听、说和阅读的后续活动，也可以作为对听、说与阅读材料的应用。

三、核心素养背景下大学英语写作教学的方法

（一）语块教学法

语块教学法在第四章中我们已经有过介绍，除了可以应用于大学英语词汇教学中，语块教学还可以运用在写作教学中。由于学生在传统的写作教学中接受的主要是知识技能的训练，再加上学生习惯于汉译英的模式，因此写出的文章很多是中式英语，用词不当、句型单一、内容缺乏连贯性的情况很常见。根据路易斯的语块教学理论：“本族语人的语言之所以流利，是因为他们的词汇不是以单个词存储在记忆里，而是以短语或大的语块形式存储在记忆里，在使用的时候能够作为整体提取出来，从而减少了资源信息处理的困难。”与之相比，如果学生只学习单个单词，那么他们在表达思想时将会需要更多的时间，付出更多努力。针对这种情况，在写作教学过程中，教师可以采取语块教

学法，培养学生的语块意识，使学生不断积累、掌握语块，这样在写作时可以迅速提取，并可以直接使用，使语言表达的自动化提高，最终写出语言地道、语义连贯的文章。

这里需要注意的是，输出是以输入为基础的，学生存储的知识越丰富，就越有利于写作的顺利进行。阅读是储存知识、增加知识输入的重要途径，阅读是写作的基础。因此，在教学过程中，教师应引导学生进行大量的有效阅读，特别要注意提醒学生在阅读过程中根据自己的实际需求来积极吸收有用的语块，同时在进行课外交际时，组织学生逐段找出语块，对这些语块的用法与适用的情景展开讨论，同时要求学生进行造句、翻译等反复操练。为了加快学生对语块的内化过程，使学生更好地掌握新学的语块，教师可以在课堂上为学生多提供一些相关的写作训练材料。

（二）语义网教学法

语义网教学法指的是教师引导学生围绕话题，想象与话题有关的所有信息，并将这些信息填入一个网格中，从而构成一个庞大的语义网。语义网为写作提供了多种多样的素材，对学生的写作起到了积极作用。例如，教师可以组织学生就中西快餐的特点、优点、缺点等进行讨论，形成一个网格。

学生的写作可以借助网格中的提示来展开。语义网教学法不仅可以为学生提供直观的语言材料，同时还使学生的文章布局与结构安排更有条理。

（三）多媒体辅助写作教学法

多媒体拥有丰富的资源，同时不受时空的限制，学生利用多媒体进行英语学习，不仅可以从更广的范围了解英语国家的文化，还可以激发学生的学习兴趣，培养其自主学习能力，更大限度地实现个性化学习。鉴于多媒体的优势，教师还可以充分利用多媒体来开展写作教学，通过网络平台的建设来培养学生的写作能力。目前，很多院校对大学英语写作网络平台的建设越来越趋向于人性化、多元化，并且各具特色，高等院校间可以互相借鉴，在摸索中不断向前发展。

第三节　核心素养背景下的大学英语翻译教学

“翻译”是英语教学中的最高阶段。翻译教学是培养翻译人才的重要途径，同时也是英语教学的一个重要组成部分。然而，受传统教学模式以及学生自身因素的影响，我国学生的翻译现状不容乐观，如在翻译过程中，学生经常会过多地使用“的”字，还有的学生不善于在译文中灵活地增添词或减少词，有的学生的译文太过拘泥于原文的顺序等。针对这些情况，就应对英语翻译教学给予更多的关注。本节探讨了核心素养背景下的大学英语翻译教学，以切实提高学生的翻译能力。

一、翻译与翻译能力

（一）翻译

关于翻译概念的问题，很多学者都进行过阐释。由于角度不同，对翻译的界定也有所不同。

18 世纪，著名的学者、作家约翰逊在其编纂的《约翰逊字典》中将翻译界定为“翻译是转换为另一种语言，尽可能多地保留原意”。他认为，翻译就是在尽可能多地保留原意的基础上将一种语言转换为另一种语言，这是从语用角度对翻译的界定。

美国著名翻译理论家尤金·奈达指出：“Translating consists in reproducing in the receptor language the closest natural equivalence of the source language message，first in terms of meaning，and secondly in terms of style.”尤金·奈达认为，翻译指的是用最贴切、最自然的等值体对源语的信息进行复制，首先体现在意义上，其次是风格上。这是从语义角度对翻译下的定义，认为翻译的对象就是意义。

关于翻译的定义，兰伯特和罗宾提出：“Translation is identical culture.”这一观点将翻译视为一种文化，翻译不仅涉及语际的转换，同时还涉及各种文化因素。这是从翻译功能的角度对翻译的理解。从文化学出发对翻译进行定义是比较进步的，翻译的对象是整个翻译活动或翻译行为，不再只是译品，扩大了翻译的定义；将翻译置于文化背景下，与传统只关注翻译过程与翻译技巧的做法完全不同；将传统的原文与译文之间的转换扩展到两种语言之间的比较，这为翻译中一些问题的解决提供了依据。

哈蒂姆和梅桑对翻译的界定是：“翻译是一种在某社会语境中发生的交际过程。”这是从交际理论的角度来定义翻译的，该定义对翻译所发生的“社会语境”给翻译活动带来的影响给予了关注。

雅各布逊将翻译定义为“an interpretation of verbal signs by means of some other language”。该定义将翻译扩展到言语符号层面。雅各布逊认为，翻译不只是语义的转换，它还涵盖了整个交际系统。这是从符号学角度对翻译的理解。

我国学者张今曾指出，“翻译是两个语言社会之间的交际过程和交际工具，它的目的是要促进本语言社会的政治、经济和文化进步，它的任务是要把原作中包含的现实世界的逻辑映象或艺术映象，完好无损地从一种语言移注到另一种语言中去”。这是从交际理论角度来对翻译做出的界定。

由此可见，对翻译的定义众说纷纭，各有侧重。这里从广义与狭义两个层面对翻译进行界定：广义上的翻译是语言与语言、语言与非语言之间的代码转换与基本信息的传达；狭义上的翻译是一种传言活动，即将一种语言表达的内容用另一种语言忠实地表达出来的活动。

（二）翻译能力

有人认为，能够熟练地讲两种语言的人必是一个优秀的译者。事实上并非如此。尤金·奈达认为，有的人可能是在不同的语言环境中学会两种语言的，因此可以流畅地去讲这两种语言，但是他们不一定可以胜任将一种语言翻译为另一种语言的工作。

威尔斯指出，翻译能力是在全面了解源语与目的语的文本和语用知识的基础上，可以使两种单语能力实现更高层次的融合的一种跨语言的超能力。他认为，译者在翻译中应及时完成工作，同时做到化繁为简。

比尔认为，译者进行翻译活动时所必备的知识与技能就是翻译能力。

切斯特曼认为，翻译能力包括对某一文本或词语生成一系列可能译文的能力；快速、准确地从中选择一种最贴切的译文的能力。

根据尤金·奈达（2000）的观点，译者能力应包括四种能力或知识：双语能力、双文化能力、足够的文本知识与行之有效的写作能力。

阿里森·毕比认为，翻译能力是一个抽象的概念，认为可以将翻译能力具体分为转换能力、对比语言学能力、对比语篇能力以及超语言能力。

艾伯特·纽伯特指出了翻译能力具体包含五种要素，即语言能力、文本能力、主题能力、文学能力和转化能力。同时，他指出，这五种能力一起作用使得翻译活动与其他交际活动区别开来。

在各学者对翻译能力进行研究的基础上，我们力图去构建一个包含多要素的翻译能力体系，其应涉及如下几种能力：双语能力，即熟练使用两种语言的能力；双语文化能力，即从整体上了解两种文化中的历史、政治、社会、经济等方面的知识，同时翻译时可以考虑两种文化之间的差异；文本分析能力，即能快速、准确地判断文本的文体与语域，同时能对文本进行词汇、句法、语篇等方面的分析；目的分析能力，即了解源文本的交际目的，分析文本接受群体的接受能力与文化习惯；专业英语能力，即对英语语言特点与文化特征有一个很好的了解；跨文化交际能力，即可以从跨文化交际角度出发进行翻译，使译文最大限度地实现源语文本所要达到的交际效果；策略能力，即有效使用各种策略来对翻译中出现的问题与突发事件进行处理，及时完成翻译任务，且符合要求；操作能力，即使用现代技术手段（如语料库、网络工具）进行翻译实践的能力。

二、核心素养背景下大学英语翻译教学的原则

（一）精讲多练原则

大学阶段的翻译教学主要是技能教学，即教师传授技能与学生掌握技能。如果采用传统的教学模式，先灌输后练习，就会让学生感觉翻译教学枯燥乏味，不利于教学目标

的实现。因此，在翻译教学过程中，教师应注重将技能的讲解与学生的练习紧密地结合在一起，同时在练习的基础上加以总结。

在练习之前，教师可以先介绍一些翻译技巧，再让学生做翻译练习。在练习结束之后，教师还应对学生的练习进行讲评。教师在讲评时不应只是直接将参考译文呈现给学生，也不能仅仅是针对某一练习材料的内容进行讲解，而应通过对学生在翻译过程中出现的问题进行分析，引导他们进行思考、总结，培养其举一反三的能力。此外，还可以通过对原文材料进行系统分析，归纳练习中的知识点，总结问题，从而上升为理论。只有这样，学生才能真正掌握翻译技能。

学生翻译技能的提高是在实践中经过长期的积累不断实现的。学生只有进行大量的练习，在练习过程中去感受、思考、积极寻找解决问题的方法，进而将自己思考的结果与已有的感性经验上升为理论；只有经过反复的实践、思考、总结，学生分析、解决问题的能力才能逐渐提高，翻译能力也会相应地提高。这就要求教师应注重对学生翻译过程的关注，帮助、启发、训练并鼓励学生在翻译过程中发现问题，这对学生自主学习能力、创新能力的培养具有积极的促进作用，同时为今后的翻译实践奠定了基础。

（二）循序渐进原则

大学英语翻译教学还应遵循由浅入深、循序渐进的原则。教学实践中教师在选择语篇练习时应由易到难：就语篇的内容而言，首先应选择学生最熟悉的内容；就题材而言，应从学生最了解的题材开始；就原文语言而言，应从最浅显的开始，逐步过渡到难度较高的语言教学活动。只有由浅入深、一步一个脚印，才能不断提高学生学习的信心，逐渐培养学生学习的兴趣，从而使学生综合能力得到提高。

（三）以学生为中心原则

大学英语翻译教学应做到以学生为中心，这是满足中国人才市场需求、解决对外交流对翻译人才迫切需求的重要途径。学习者学习翻译并不意味着一味地从教师那里获取知识，而是自己从实践中不断积累经验，实现自己专业知识的建构。在这一过程中，教师可以进行适时的指导与协调。在翻译教学中，教师应以学生为中心进行教学，充分发挥学生的主观能动性、创造性以及互动性，协调好学习者、翻译教学以及市场需求之间的关系，力求培养出符合社会需求的高素质的翻译人才。

大学英语翻译教学遵循以学生为中心的原则应关注以下几点：

（1）转变教师角色。翻译教学应以学生为主体，并训练学生建立翻译所需要的知识系统与培养双语思维能力。在翻译教学活动中，教师不只是要给学生传授知识，更应传授学生学习的方法，使学生学会学习，学会自己解决学习中遇到的问题。教师在教学中是一个协调者，而不是知识的唯一传授者，也不是知识的权威，教师应有角色转换的意识，并在教学实践中逐渐实现角色的转换。

（2）培养学生的团结协作精神。以学生为中心的翻译教学还应注重对学生团结协作精神的培养。信息时代的发展与翻译自身的复杂性都决定了翻译活动有时并非一个人可以完成，翻译需要多方面的人才进行合作才能完成。因此，翻译教学应注重对学生团结协作精神的培养。在大学英语翻译教学实践中，教师可以选择一些篇幅较长的文章，将其分为几部分，将学生分组，每个小组完成其中一部分，但是应确保最后的完整译文在整体上是流畅的。这就要求学生在翻译的过程中必须和小组的其他成员进行协商、讨论，从而完成翻译任务，这对学生团结协作精神、协调能力的培养十分有利。

（3）培养学生创造性的发散思维。翻译活动具有创造性，因而在翻译教学中，学生在对统一文本尤其是文学文本的语篇进行翻译时，教师不能要求学生的译文与参考译文完全一样，也不能限制学生的思维，而应鼓励学生形成自己的翻译风格，培养学生创造性的发散思维。

（四）实践性原则

翻译教学还应遵循实践性原则。教师可以在条件允许的情况下，尽可能多地给学生提供翻译实践的机会，如到翻译公司进行真实情境的翻译实践，使学生切实体验翻译过程，了解社会实际的需求。这不仅可以激发学生的学习动机，提高学生学习的积极性与自主性，还能为学生日后走向社会、适应社会提供知识方面的准备，使学生更快地融入社会。

（五）培养翻译能力与翻译批评能力相结合原则

翻译教学除了要培养学生的翻译能力，还不能忽视培养学生的翻译批评能力。翻译批评能力指的是对他人的译作进行客观评价的能力，既要评价译作的优点，也要指出其中的缺点，对错误之处进行修正。教师应不断引导学生学会对其他人的译作进行评价、批评，这样可以使学生学习他人的优点，并进行自我反思，在以后的翻译中避免犯他人犯过的错误，从而不断提高自己的翻译水平。

（六）翻译速度与质量相结合原则

大学英语翻译教学的目标是培养学生的翻译能力，这既要求学生去掌握相关的翻译技巧，同时又要求学生提高翻译速度。在实际的翻译活动中，经常出现催稿的情况，如果学生的翻译速度太慢，就可能会影响翻译任务的完成。由此可见，提高学生的翻译速度也应是翻译教学中的一项重要内容。

在翻译教学实践中，教师在课堂教学中应要求学生在限定的时间内完成翻译练习。除此之外，学生在做课后练习时，教师也最好要求学生在规定的时间内完成。长此以往，学生就能学会合理地安排时间，培养速度意识，不断提高翻译的速度。

三、核心素养背景下大学英语翻译教学的方法

（一）语境法

这里的语境指的是言语的环境。语境又包括言语的宏观语境与微观语境两种。宏观语境指的是对象、话题、场合等，可以使意义更为固定、确切。微观语境指的是词的含义搭配与语义组织，可以使意义定位于某一项上。在进行翻译时，只有同时考虑宏观语境与微观语境，才能确定话语的意思。在翻译实践过程中，译者不仅需要利用已有的语言知识来对句子本身的意义进行理解，还应借助原文所提供的多方面的信息来进行分析、推理、挖掘作者的真正意图，采用合适的译文形式，将原文的意义准确地传递出来。

在翻译过程中，选词造句、语义的确定、篇章结构以及语体形式都需要考虑语境。可以说，翻译过程中的理解与表达都离不开具体的语境，由此可见语境对翻译的重要性，语境是正确翻译的基础。教师要注意培养学生的语境意识，引导学生在进行翻译实践时，既要做到紧扣语境来理解原文，又要确保译文的表达与语境紧密结合，准确地去传递原义。

（二）交际法

交际法盛行于20世纪70年代。社会语言学家海姆斯的交际能力理论和韩礼德的功能语言理论是交际教学法的理论基础。海姆斯认为，语言使用者在特定的语言环境中要想顺利地进行交际，既需要具备足够多的语言知识，又需要具有一定的社会文化知识以及运用知识的能力。这一点对翻译教学也同样适用，应成为翻译教学的目标。

交际法认为，教学应以学生为中心，教学活动的展开应围绕学生进行，教师的主要作用是为学生提供真实的交际场景，使学生积极参与其中，自由表达自己的观点。

在大学英语翻译教学中使用交际法，可按照以下步骤展开教学：

（1）教师根据具体的翻译教育目标，考虑文化因素，为学生提供内容相同的源语和目标语两种文本的材料，要求学生对二者进行对比分析，总结两种语言中的不同表达方式与文化模式的差异。

（2）以认知与系统原则为指导进行情景教学，要求学生进行模仿、互译练习，引导学生创造性地使用语言，培养学生的翻译意识。

（3）对不同学生的学习特点、目标需求、文化修养等进行分析，然后在此基础上对不同学生提出不同的翻译要求，让学生独自完成翻译练习。

（4）学生做完翻译练习后，教师与学生要共同对译文做出评价。

在上述教学活动中，教师不应对学生要求过高，应持宽容态度，尽可能提高学生学习的积极性，多表扬、鼓励学生，只有这样，才能使学生积极参与其中，真正做到以学生为中心，从而提高教学效果。

（三）推理法

推理指的是根据已知的或假设的事实来推出结论。推理是一个相对独立的思维活动，因此常见于很多认知活动中，翻译中也不例外。在进行翻译时，有效利用推理可以增加掌握的信息量，更好地把握事物之间的联系，有利于理解语言。

在翻译实践中，译者在看到文本内容后，通常会结合自己已有的知识经验去进行相关的推理，这些推理可以给译者提供额外的信息，这样就可以将文本中所有的内容联系在一起，使译者对文本中的每一个句子有充分的理解。这就要求教师在平时的教学中应有意识地讲授一些推理技巧，如根据作者暗示加以推理；根据文本的整体结构加以推理；根据逻辑指示词加以推理等。需要注意的是，这些推理技巧应与正确地识别语言结构内容相结合，也就是说应依据文本进行客观、合理的推理。

（四）导入文化背景知识法

翻译不仅是两种语言之间的转换，更是两种文化之间的碰撞与交流。语言翻译的过程实际上也是文化交流的过程。因此，文化在翻译过程中是必须要考虑的要素。

在英语翻译教学过程中，教师应注重向学生导入英语国家的文化背景知识，使学生了解这些文化知识，并了解英语国家文化与中国文化的差异，培养学生的文化意识，从而消除翻译过程中的文化障碍。例如，在中国文化中“狗”多具有贬义，因此汉语中很多与之相关的词语都是贬义词，如“走狗”“狼心狗肺”等。与中国不同，英语国家的人们将狗视为宠物，对狗非常喜爱，因而英语中与“dog”有关的表达通常具有褒义，如“Every dog has his day.”（人人皆有得意日）、“You are a lucky dog.”（你真是个幸运儿）等。只有了解这一文化差异，学生才能做出正确的翻译，而如果缺乏相关的文化背景知识，就很容易以汉语思维来翻译，从而曲解原文的意思，造成误译。

第九章　核心素养下大学英语教学内容及教学组织情感性处理

这里所说的“大学英语教学内容”主要是指大学英语教材的内容。教师、学生和教材是教学活动的三个基本要素，其中教材是教学内容的载体，是师生双方开展教学活动的根本依据，是教师和学生传递、加工和转化信息的主要来源。因此要“改变大学英语教学现状，提高学生学习英语的兴趣”，教师有必要从情感维度对教学内容进行适当的处理，以满足学生的需求，提高学生学习的积极性。

第一节　大学英语教学内容情感性处理提出的背景

众所周知，教师、学生和教材是教学活动的三个基本要素，其中教材是反映教学模式的知识载体，是决定教学效果的重要保证。可以说，在教学活动中，教师对教学内容的处理方式，会直接影响学生对教学内容的接受程度，从而影响学生的学习效率和学习效果。

尽管教学内容是由教学大纲规定的，是教材编写者根据学科特点、学生的年龄特征、接受知识的特点等来编写的，但在实际课堂教学中，教师需要针对特定的班级、特定的学生来重新考虑、选择和组织相关的教学内容，根据具体情况对教学内容加以修改或补充，以增强学生对教学内容的兴趣，提高课堂教学效果。

然而遗憾的是，长期以来教育界对教学内容处理方面的研究一直是一个薄弱的环节。过去教学论并未将教材列入研究内容，近 20 年国外教学心理学家才把教材作为当前研究中的一项崭新课题进行研究，但是研究范围也只限于精选教材、教材的难易程度和易读性等方面（李蔚、祖晶，2010）。因此教师在教学内容处理方面要解决的核心问题是：如何提高学生对教学内容的可接受性。从学生的学习能力和教学内容的难易程度的配合上发掘教学潜力，增进教学的效果和效率。

美国当代著名的教育心理学家奥苏贝尔从意义学习理论（Theory of Meaningful Learning）出发，提出了学生在进行意义学习时所需要具备的两个内部条件：一是学习者必须具有同化学习材料的适当的认知结构；二是学习者必须具有意义学习的心向（卢家楣，2010）。所谓“心向”，是指学生学习有关教学内容的意愿，即主观上是否乐意去学。奥苏贝尔提出的这两个内部条件，第一个条件涉及的是教学内容处理中在认知维度上应解决的问题，即要把教学内容与学生头脑中的认知结构联系起来，帮助学生组织学习材料。第二个条件涉及的是教学内容处理过程中在情感维度上应解决的问题。我们知道，无论是教学内容本身，还是接受教学内容的学生，都应是情知并存的实体。因此对教学内容的处理不仅要从认知方面进行研究，也要从情感方面加以探索。但是由于种种原因，从情感方面对教学内容的探索一直被忽视了。

在教学实践中，长期以来人们也养成了从认知维度上进行思考的习惯，导致在对教学内容的处理上，更多的是关心如何提高学生对教学内容的可接受性：从学生的学习能力和教学内容难易程度的配合上发掘教学潜力，增进教学的效果和效率，而很少从情感维度去考虑教学内容的处理，以调整学生的学习心向；从学生的学习需要和教学内容趣味度的配合上发掘教学潜力，使学生愿意去学、乐意去学。同样，在英语教学中对教学内容的处理往往也更注重对学生语言知识的传授，而教学内容是否能满足学生的需求、学生是否愿意去学、课堂教学活动是否能激发学生的学习兴趣等因素却考虑得相对较少。如英语教学史上曾经非常盛行的“语法—翻译教学法”就是强调通过背诵语法规则、背诵词汇、应用语法规则做翻译练习等途径学习英语。

“语法—翻译教学法”在我国目前的大学英语教学中还占有一席之地，其教学内容的传授主要通过以下几个步骤完成：首先，教师会把作者和写作背景做简单的介绍；其次，对课文进行逐句翻译和一些语法现象的讲解；最后，做一些巩固性的练习。逐句翻译和语法讲解是“语法—翻译教学法”的中心活动，两者占去课堂活动的大部分时间。显而易见，“语法—翻译教学法”对教学内容缺乏必要的处理和加工，其教学过程十分机械和枯燥，不易激起学生学习语言的兴趣，而且课堂氛围缺乏生动性，学生受到很大束缚，很难发挥其主动性、积极性和创造性。

第二节 大学英语教学内容的情感性处理的手段

大学英语教学内容的情感性处理，要求教师从情感角度对大学英语教学内容进行适当的加工、处理，使教学内容在向学生呈现的过程中发挥情感方面的积极作用。需要指出的是，这里虽然强调了从情感维度对教学内容的加工、处理，但也绝不能忽视从认知维度对教学内容的整理和组合，两者相互联系，缺一不可。

在大学英语教学过程中，为了实现教学内容在向学生呈现的过程中发挥情感方面的积极作用，使学生对大学英语产生好学、乐学的积极情感体验，教师可以在实际的教学过程中采用两种策略：一是教学内容与学生需要相匹配策略；二是教学内容呈现形式与学生需要相匹配策略。

“匹配”原是物理学中的一个概念，指通过安放一个装置能使两个物体在某方面相互协调、配合，以达到最佳效果。上面提到的两条策略，"教学内容与学生需要相匹配""教学内容呈现形式与学生需要相匹配"就是指在大学英语教学过程中，教师应尽可能地使教学内容及其呈现形式满足学生需要，以有效调整学生的学习心向，激发学生的学习兴趣。

一、教学内容与学生需要相匹配策略

心理学研究表明，客观事物是否符合人的需要，既取决于人的需要状况，也取决于客观事物本身。美国人本主义心理学家卡尔·罗杰斯（1994）认为，有意义的学习的四个要素之一便是自我评价，评价当前的学习是否满足自己的需要，是否有助于使自己获得想要的东西。当学生认为教学内容能满足自己的需要时，学习积极性就会增强，学习效率也会随之提高。因此要提高学生学习英语的积极性，诱发学生学习英语的内在动机，英语教师首先应做到所传授的教学内容能满足学生的需要。要实现这一目的，教材编写者在编写教材时应该融教材的思想性、趣味性、实用性和时代性于一体，这样才能为实现教学内容符合学生需要提供基本保证。教材是反映教学模式的知识载体，是决定教学效果的重要保证。笔者（2015）曾经对执教的三个班的学生进行过一次书面问卷调查，其中在"你对英语教材有什么看法"一项中，有 98 .6% 的学生认为课本内容枯燥、陈旧，缺乏时代气息。王奇民（2010）也曾经对大学英语教材和教学内容进行过相关调查，结果发现多数英语学习者对英语教材及教学内容表示不满，主要体现在教材及教学内容不能反映时代的最新发展、缺乏时代气息、与生活实际脱节、实用性差，不利于学习者学习兴趣的提高和交际能力的培养。因此，要体现教材的实用性、时代性，激发学生的学习兴趣，选材范围必须延伸到社会生活的各方面。

在实际教学过程中，由于教学活动的复杂性，教学内容往往不能完全满足学生的需要。因为在教学活动中，教师是在规定的时间、规定的地点按规定的顺序根据规定的大纲、规定的教材讲授规定的内容。这一系列的"规定"决定了具体教学过程中呈现的教学内容往往不能与学生在那个时刻的需要相吻合。学生作为活生生的个体，在具体教学活动中会有各种各样的需要。因此在实际教学过程中教学内容与学生当时的具体需要不一致的现象十分普遍。我们时常可以听到学生抱怨，"两年的大学英语学习除了多认识了几个单词和短语，好像没学到其他的东西""自己的英语水平非但没有提高，反而有所下降"，失望之情溢于言表。造成学生对教学内容接受程度较低的原因是复杂的，但可以肯定一点，教学内容是否与学生的需要相匹配、是否能引起学生的兴趣是应值得英语教师去反思的。

心理学的研究发现，个体对客观事物的认知评价不仅受其本身的价值观念、思想方法、知识经验等因素的影响，也会受他人劝说、诱导、启发等因素的影响。因此英语教师首先应发挥引导者的角色，在新生进校的第一节课就应让学生明白学习英语的重要性，还可以用实例来说明英语学习的好坏对他们未来生活、职业生涯的积极或消极影响，让学生从一开始就产生一定要把英语学好的欲望。另外，面对统一规定的教材，教师应该根据实际情况和需要对教学内容进行适当的增减，以激发学生的学习兴趣。

二、教学内容呈现形式与学生需要相匹配策略

目前很多的教材编写都强调实际性、趣味性，但不一定就能保证有较好的教学效果。虽然用的是同一种教材，但教学效果却有很大的差异，与教师以何种形式向学生呈现教学内容有关。所谓“教学内容呈现形式与学生需要相匹配策略”是指教师在教学活动中通过改变教学内容的呈现形式，增加教学活动的趣味性，使该内容能被学生在主观上感到是满足其需要的，从而达到教学内容与学生需要之间的统一，提高学生学习的积极性。在大学英语教学中常有这样的情况：教师在教学中讲授的教学内容并不符合学生的需要，也很难通过启发、诱导来改变学生对教学内容的看法。这时教师可以通过改变教学内容的呈现形式，使学生在喜闻乐见的教学形式中不知不觉地接受教学内容。

目前，游戏化的教学活动形式在大学英语课堂教学中已经被广泛采用，其实质就是利用游戏这种喜闻乐见的活动形式，使教学内容的呈现方式乐意被学生接受，实现在游戏中不知不觉提高学生对教学内容的接受程度的目的。当然除了游戏之外，还可以采用小组讨论、课堂辩论、学生上讲台分享、看音像资料等形式传授教学内容。

需要指出，采用何种教学形式，取决于学生的年龄、性格特征、班级规模、班风等因素，教师应根据实际情况，针对不同的班级、不同的学生，采用学生乐于接受的教学形式，激发学生学习英语的积极性，以便提高学生对教学内容的接受程度，从而提高大学英语教学效果。

“大学英语教学组织”特指大学英语课堂教学组织。教学组织同教学内容一样是完整的课堂教学不可缺少的一部分。目前，大学英语教学组织形式普遍存在两个问题：一是师生课堂交往模式单一，知情脱离；二是课堂教学程序单调，缺少变化。因此如何改进传统单一的课堂交往模式和单调的课堂教学程序，从情感维度优化大学英语课堂教学组织形式是整个教学过程中必须考虑的极其重要的一个环节。

第三节　大学英语教学组织情感性处理提出的背景

教学组织是指在教学过程中，教师和学生按照一定的制度和程序而实现的协调的教学活动的结果形式（吴立岗，2007）。换句话说，教学组织就是教师对整个教学过程的组织和管理。大学英语教学组织就是大学英语教师对大学英语课堂教学过程的组

织与管理。它一方面是指参与教学的学生与教师的组织。它包括大学英语教师对教学规模的选择，如集体教学、小组教学或个别教学等；教学座位的安排，如秧苗形、半圆形、车厢形等；对师生、生生交往方式的选择等。另一方面，大学英语教学组织还包括教师对课堂教学程序的安排，如不同教学组织形式（集体教学、小组教学或个别教学）如何组合，如何安排先后顺序等。教学组织与教学内容一样，是完整的课堂教学不可缺少的要素。因此，大学英语教师应采取何种课堂教学组织形式来提高大学英语教学效果，这是广大大学英语教师必须考虑的一个决定教学成败的非常现实的问题。

从当前的大学英语课堂教学组织形式的选择及应用的普遍状况来看，还存在着种种不尽如人意之处。这主要表现在以下两方面：

首先，课堂交往模式单一，知情脱离。美国人本主义心理学家罗杰斯（Rogers，1969）认为：人的认知活动总是伴随着一定的情感因素，当这种情感因素受到压抑甚至是抹杀时，人的自我创造潜能就得不到发展和实现。而只有真实、对个人的尊重和理解学生的内心世界等态度的出现，才能激发起学生的学习热情，增强他们的自信心。然而，传统教育片面强调知识和智力，严重忽视了与学习活动及创造潜能发展相联系的情感因素，从而导致学生的被动与盲从，导致认知和情感的分离。一方面，许多教师将“教师讲，学生听”的单向信息交流作为班级授课的主要形式，很少有师生之间的双向交流，是一种典型的“以教师为中心”的课堂教学组织模式——尽管很多教师意识到让学生主动参与课堂活动的重要性，但是由于种种原因他们主观上采取的还是以教师为中心、以掌握书本知识为目的的传统教学模式。另一方面，师生交流知情脱离，课堂上只有简单、机械的语言知识的传授，“知识”成为师生交流的唯一纽带，教师忽视了学生的兴趣、动机和愿望，教师和学生之间是一种“独木桥式”的关系，即单一地通过知识发生联系。这种僵化的课堂教学组织形式只注重知识的传授，而忽视了课堂上师生之间、学生之间的双向交流，忽视了师生之间的情感交流，常常使教学陷入一种硬邦邦、无生气的状态，导致学生上课参与意识不强，普遍缺乏学习英语的兴趣，最终影响大学英语教学效果。因此，要激发学生学习英语的热情，提高大学英语教学质量，教师首先要转变观念，强化情感因素对语言学习影响的意识，重视学生情感的释放和情绪的表达，以真诚、接受、同情、理解的态度对待学生，平等地与学生进行思想交流。这样，师生之间不仅仅通过认知结构发生交流，而且还通过情感内容发生交流，师生关系由直线形结构变成了菱形结构。

其次，课堂教学程序单调，缺少变化。从课堂教学组织的教学程序方面看，传统课堂教学特别重视对课堂教学程序的设计，试图对每一节课的进程都进行规定，以求科学、合理。在这一倾向的影响下，许多大学英语教师的课堂教学程序单调，缺少变化。大学英语一个新单元最典型的教学程序是：领读、讲解单词—导入课文—讲解课文（主要是语法、句型）—讲解练习—布置作业。尽管并非所有的大学英语教师、并非每节课都能准确无误地按照这一程序来组织课堂教学，但是根据笔者的观察和与学生的访谈发现，这种机械的、只注重教学的外部组织形式而忽视学生心理感受的课堂教学组织形式确实普遍存在。长期在这种单一的、缺少变化的教学组织程序下进行的教学，课堂气氛难免会沉闷、单调，难以激发学生学习知识的兴趣和热情。

因此，如何打破这种单一、僵化的大学英语教学课堂组织形式，增强学生的学习动机、激发学生的英语学习兴趣，已经成为目前许多大学英语教师亟待解决的一个问题。从目前大学英语课堂教学组织的现状可以看出，其存在的弊端之一就是忽视大学英语教学中的情感因素，即重知轻情。在这种教学组织模式下，课堂教学组织仅仅是为学生的认知学习服务的，上课成为单一、机械的语言知识的传授，忽视与学生的情感交流，忽视学生的兴趣、动机、需求、愿望等。由于忽视了语言教学中的情感因素，导致学生上课参与意识不强，对英语学习普遍缺乏兴趣。

情感是大学英语教学中不可忽视的因素。“情感”与“认知”不是两个对立的概念，相反，“情感”与“认知”相辅相成，学习者的情感状态直接影响到他们的学习效果：积极的情感，如愉快、兴趣、好奇等对语言知识的输入和输出都起着促进的作用；消极的情感，如焦虑、抑制、低自尊等会使学习者的学习效果大打折扣。因此，理想的大学英语课堂教学组织形式应当是对认知因素和情感因素同等重视。换句话说，应该是从情感维度改进传统单一、僵化的大学英语课堂教学组织形式，充分发挥情感因素在大学英语教学课堂组织中的积极作用。

第四节　大学英语教学组织的情感性处理的手段

大学英语教学组织的情感性处理则要求教师从情感维度对大学英语教学组织形式进行优化处理，使教学组织形式在为教学活动服务的过程中充分发挥其在情感方面的积极作用。当然需要指出的是，由于教学过程中认知因素与情感因素密切相关，因此，对大学英语教学组织的情感性处理只是对传统大学英语教学组织形式僵化、忽视情感因素的状况的一种改进，而不是对从认知维度进行课堂教学组织的全盘否定。从情感维度优化大学英语课堂教学组织形式的作用表现在以下两方面：

第一，大学英语课堂教学组织的情感性处理能促进教学过程中的情感交流，改善课堂上的人际关系。传统的大学英语课堂教学组织形式在学生的座位编排、师生交往方式、生生交往方式等方面都比较单一、缺少变化。因此大学英语课堂教学组织的情感性处理的作用首先表现在师生交流方面，通过灵活的方式编排教室中的座位，拉近师生之间的物理距离；通过对学生的分组教学缩小了教师的指导对象范围，因而更有针对性。其次，在生生交流方面，分组教学与小组内的讨论也改变了传统大学英语课堂教学中的交往方式，使学生能够更充分地交流；师生之间、学生之间的充分交流有利于建立良好的课堂人际关系，而这种在充分交流基础上的良好人际关系又是创设安全、和谐课堂氛围的基础。

第二，大学英语课堂教学组织的情感性处理有助于学生创设积极的情绪。传统单一、僵化的课堂教学组织形式会使学生产生烦躁、厌恶的消极情绪，而大学英语课堂教学组织的情感性处理有助于学生产生良好的情绪状态。教师通过暗示、言语、非言语的表情等来影响学生，如教师可以借助期盼性的眼神、讲课的声调变化、赞许性地点头等非语言形式向学生传递情感信息，利用情感的感染性功能，使师生之间除了有声的语言交流外，还有“无声语言”传递情感和信息，从而创设一个良好的课堂心理氛围，维持学生对学习内容注意的持久性。而在有些学生注意力涣散时，暗示、非言语表情等的提醒可以在不打断教学进程的情况下重新使学生的注意力集中到学习上，维护学生的自尊心，改变忽视学生心理感受、以命令式的语言维持课堂秩序的做法。

我国情感教学研究专家卢家楣（2012）认为，要从情感维度优化课堂教学组织可以采用四种策略，即灵活分组策略、角色转换策略、身体语言调控策略和张弛调节策略。前两类主要是通过对学生座位编排、规模和课堂交往方式的改变来调动学生的积极情绪，后两类主要是在课堂教学过程中，着重运用心理暗示的方式来调节课堂气氛、学生的心理感受等。这四种策略同样可以优化大学英语教学组织，改变目前普遍存在的单一、僵化的大学英语课堂教学组织形式。基于大学英语教学课程的性质和大学英语课堂教学的特点，笔者在采纳和吸收卢家楣教授提出的优化课堂教学组织的四种策略基础上，增加了灵活改变课堂教学活动形式策略。下面分别对五种策略加以阐述：

一、灵活分组策略

以往的课堂教学组织改革往往过分关注班级规模，单纯地以认知为中心考虑教学组织。这一倾向从国内外的有关教育理论和课堂教学改革的实践中就能明显看出。如20世纪20年代在欧美风行一时的“分组教学”“小队教学”以及70年代以后流行于美国的“开放教育”等，多是围绕小班化教学的实验与探索开展的。我国也曾在不同的时期在一些地区开展过有关的实验与研究，但由于主、客观条件的限制，大班的教学一直在我国的学校课堂教学组织形式中占据主导地位。特别是我国的大学英语教学，由于师资、教学条件限制，大班教学依然是最主要的课堂教学组织形式，少则三四十人，多则六七十人，有的甚至超过一百人。因此，大学英语的小班教学不符合我国的教学实际，想单纯从班级规模的改变上促进大学英语教学效果是行不通的。

基于以上的思考和目前我国大学英语课堂教学班级规模的现状，应提倡从情感维度优化当前僵化的课堂教学组织形式，采用灵活分组的策略。灵活分组策略是指教师在大学英语课堂教学中，将学生按学业水平、能力、个性等方面的差异分成若干个学习小组，通过促进师生、生生充分交流来增强学生课堂活动的参与度，达到活跃课堂气氛的效果。需要指出的是，这一策略是要求在分组标准上不以学生的智力和英语成绩的好坏作为分组的唯一标准，而是重视学生个性的互补性，以促进人际吸引。

简单地说，分组的基本原则是：优差兼有，个性各异，自由组合与教师分配相结合。在小组活动的形式上，也应充分利用教室空间，采用不同于常规的座位编排形式，使小组成员之间的交流能充分开展。

在大学英语课堂教学中将学生灵活分组只是一种引发情感的手段，教师应通过这种灵活分组来激发学生的积极情感。在具体实施中，大学英语教师应注意以下几点：第一，在上课前就按照上述要求对班级学生进行不固定的分组；第二，课堂上的分组活动中应改变常规的座位编排方式，在人数较少的班级中，可让每个小组将座位排列成与其他小组相对独立的马蹄形，若班级人数较多，小组的规模较大，可采用每小组的座位组合成一个圆形的做法，以便小组内成员交流；第三，课堂教学以小组活动为主体，控制教师集中讲授的时间；第四，小组活动的内容、活动形式应多样化；第五，小组成员的确定原则为在学生自愿的基础上，教师按照其能力、学业水平、个性特征等方面的差异进行灵活组合，以达到组合的最优化。

二、角色转换策略

在传统的大学英语课堂教学组织中，师生关系总是以教师作为教学内容的“讲解者”和教学活动方式的“调控者”出现的，师生的角色关系基本是固定不变的，即教师始终是站在讲台上“教”的角色，学生始终是坐在台下“学”的角色。这种单一的传统师生角色模式容易使学生产生厌倦感，剥夺了学生参与课堂活动的机会，削弱了学生学习的自主性，但如果对教师和学生在教室中的位置和角色进行暂时的转换，就能达到活跃课堂气氛，超出学生对教学活动组织形式预期的效果，从而充分调动学生参与课堂活动的热情，这就是角色转换策略。

因此，角色转换策略是指在大学英语课堂教学过程中，在以传统的师生角色分工为主的同时，间或使用到师生角色互换的方法，即让学生暂时充当教师的角色，通过引起学生的新奇感、丰富课堂活动方式、发挥学生参与课堂教学的主动性来达到活跃课堂气氛的效果。在这种情况下，教师主要对学生进行鼓励、引导、协助和纠错，变单向传授知识为双向的信息交流。笔者在上英语课时就采用了角色转换策略，根据自愿及老师指定的原则，确定充当教师角色的人选，然后根据学生喜好进行任务的分工与合作，结果大大出乎意料，课堂气氛非常活跃。笔者当时任教的四个班级对课文的处理方法各不相同，带有各自的鲜明特色。角色转换策略可以充分发挥学生学习英语的主动性和创造性，增强他们的自信心，使学生产生成就感和满足感。有一位学生在课后的总结报告中写道：

“这次讲课的经历让我学到了不少东西，我也体会到了当老师的快乐和艰辛，谢谢老师给我这次机会。”

教师在实施角色转换策略时应注意以下几点：第一，在课前教师应对学生进行必要的指导，要求学生对有关教学内容进行认真预习，为充当教师角色做好准备；第二，在课堂教学中，传统的师生角色分工与角色的暂时转换在一节课中可以交替进行；第三，在教学内容方面，教师可以提倡学生借用 Internet 等信息资源充实教材内容，利用多媒体等先进教学设备呈现教学内容，实现教学内容的丰富性、趣味性，当然教学内容的重点和难点可以由教师进行强调和补充；第四，教师应对充当“教师”角色的学生进行及时的鼓励、引导、协助、纠错和评价；第五，在选择充当“教师”角色的学生时不应以英语成绩好坏作为唯一标准，应坚持自愿和鼓励相结合的原则。

三、身体语言调控策略

我国情感教学研究专家卢家楣教授（2012）认为，课堂教学组织包括两方面：一是看得见的“人员组织”，即教师在课堂教学中对学生座位的编排、对参与活动学生规模的控制、对师生交往方式的调控等；二是不能直接观察到的“心理组织”，即教师对课堂心理氛围、学生注意力等的调控。灵活分组策略和角色转换策略就属于课堂教学的“人员组织”，课堂教学的“心理组织”也可以通过身体语言调控策略和张弛调节策略来实现。

美国学者卡琳·勒兰德和基思·贝利的研究表明，当人们面对面交流时，从他人那里获取的信息，有 55% 来自对方的身体语言，38% 来自对方说话的语气，7% 来自对方的口头语言。因此从某种意义上说，课堂中的非言语交流也许比言语交流更为重要，而课堂中的非言语交流主要通过身体语言实现，包括面部表情（facial expression）、目光接触（eye contact）、手势（gesture）、姿势（postures）、触摸行为（touch behavior）等。一个人的身体语言在交际过程中起着非常重要的作用，它可以传递出当事人的信息、表达当事人的情感。如当教师走进教室时，给全班同学一种亲切的、职业性的环视可以让学生增强对教师的信任感，使课程有一个良好的开端。一个人的姿势能够反映出他的参与程度和对信息的反馈程度。例如，在课堂上，如果学生都向前微倾，眼睛注视着教师，这表明他们在仔细倾听，并且想从教师那儿获取更多信息；如果学生的坐姿比较懒散，还抖着腿，这表明他时听时不听，或是听不听都无所谓；如果学生趴在桌子上，则表明他对课堂内容不感兴趣。教师应该根据学生身体语言所反映出的信息，及时调整自己的课堂行为。此外，在大学英语课堂教学中，教师的语言主要用来传达教学内容的信息，而对学生学习心理和学习情绪的影响、对课堂气氛的调节大多由教师的身体语言来承担。因此英语教师在课堂上必须充分发挥身体语言的积极作用，与学生进行信息和情感的沟通，通过“无声”语言的运用影响学生的情绪和心理，发挥目光和手势的期待、鼓励、赞许、提示等作用，使全体学生都处于一种能感受到自己被关注和重视的积极心理氛围之中，从而创设和谐的课堂心理气氛，增强学生参与课堂活动的积极性。

实施身体语言调控策略时应注意以下几点：首先，身体语言调控策略应从两方面发挥积极作用。一方面教师应该善于识别学生的各种体态语言，根据学生身体语言所反映出来的信息，及时调整自己的课堂行为。另一方面教师应懂得“身教重于言教”的重要性，有效运用各种肢体语言和目光接触来传情达意，促进师生交流，充分发挥目光和手势的期待、鼓励、赞许、提示等作用。其次，在座位编排上应采用更有利于师生之间交流的形式。教师在授课过程中身处教室的中心，与所有学生的距离几乎相同，有利于教师发挥身体语言的积极作用。最后，在表情交流对象的选择上，要做到全面性和选择性相结合，既要面向学生全体，与全班学生进行普遍交流，又要特别照顾性格内向、学习成绩差的学生，以调动他们参与教学活动的积极性。

四、张弛调节策略

美国人本主义心理学家罗杰斯（1994）倡导“心理安全”和“心理自由”，他认为课堂上民主、和谐、宽松的教学氛围才能使学生产生心理安全感和心理自由感。日本学者片冈德雄的研究也发现，课堂上的气氛有两大类：“支持型气氛”和“防卫型气氛”。“支持型气氛”不但有利于消除个体的紧张情绪，也有助于个体认知水平的提高；而“防卫型气氛”则会使集体成员处于不安状态。与焦虑情绪有关的研究也证实，课堂气氛越是紧张，个体的焦虑情绪就越容易被引发，认知水平会在一定程度上降低。笔者的相关调查证实（见前述），“课堂焦虑”已经成为妨碍学生参与课堂活动的第二大因素。因此怎样给学生创设一个“心理安全”和“心理自由”的课堂氛围，是每一个大学英语教师都必须要面对的问题，这也正是强调张弛调节策略的原因所在。

一般来说，不同的课堂活动形式会给学习者带来不同的心理感受，如竞赛、评比会让学生紧张；新课和课堂练习讲解容易使一部分学生注意力分散；等等。因此张弛调节策略要求教师在课堂教学中，注意激发和调控课堂气氛，使不同的课堂气氛，如紧张气氛、轻松气氛、欢快气氛等有节奏地交替转换，并与不同的认知活动相对应，从而使学生在课堂上处于有张有弛的良好心理状态，达到减轻焦虑和提高注意力的双重效果。在课堂教学中，教师可以将讲授新课、课堂练习与略为紧张的氛围相结合，将集体竞赛、评比与轻松、有趣的氛围相结合，将小组讨论与平静的氛围相结合等。随着一节课中不同认知活动的交替，课堂氛围也交替转换。

教师在实施张弛调节策略时应注意以下几点：第一，教师应在一个课时中安排多种课堂活动组织形式，如既有较容易掌握的语言知识，又有需要思考的话题讨论；既有新课，又有复习检查；既有个人或小组间的竞赛，又有竞赛后的总结评比等。第二，为每一种不同的活动形式设计一种相应的情绪氛围，如个体以及小组竞赛对应紧张，上新课对应好奇，学生查找资料并展示对应有趣，总结、评比对应轻松等。第三，在课堂教学中当某种活动形式进行时，教师应运用情绪化的、有感染力的语言、表情、动作等制造出相应的情绪氛围，并随课堂活动形式的改变而改变。

五、灵活改变课堂讨论形式策略

长期以来，大学英语教学采取的是一种传统的串讲方式，即教师设计好教案，在课堂上仔细讲解，一讲到底，学生却很少有机会发表见解，师生之间也少有沟通。教师讲得很卖力，学生却听得很乏味。传统教育片面强调教师在教学中所谓的“权威”，在教学过程中，学生是教育的对象，又是学习的主体，不是知识的消极的“接收器”，教师也不可能机械地把知识填塞到学生的头脑中去。要激发学生的创造性和学习积极性，关键在于灵活有效地组织课堂讨论。

灵活改变课堂讨论形式策略是指在大学英语课堂教学过程中，教师应根据教学目标和教学内容的需要，根据学生课堂学习的心理特点和课文的类型、难易程度来精心设计课堂讨论活动形式，发挥学生参与课堂教学的主动性来达到活跃课堂气氛的效果。

课堂教学活动形式多种多样，根据课文的类型和难易程度，可以采用不同的课堂讨论方式，比较常用的主要有以下几种：

1. 导向式

这种方式是从主导者的角度来着眼安排讨论程序。通常为定向导入－设坡点拨—归纳总结。“定向导入”是指教师根据课堂的教学目标和重点，提出讨论点，使学生有的放矢；“设坡点拨”是主要阶段，教师在学生讨论过程中，把握时机，由浅入深，步步引导；“归纳总结”是指由学生自己对大家讨论的成果归纳出比较正确、满意的结论，有时还可以把问题扩展开去，把讨论引向更深层次。这种讨论方式适用于对学生来说相对较难理解的课文。

2. 自由式

这是一种着力于发展学生的个性、发挥学习自主性、侧重于学生“自由探讨”的讨论方式。这种讨论方式的优点是：学生在自由、宽松的讨论气氛中，充分发挥各自的思维潜力，使思维处于最佳竞技状态。同时，教师还能观察到学生的学习心理轨迹、认知心态和需求欲，为以后设计教学方案提供依据，使教学更富有针对性。如学生在认真预习课文、做好阅读笔记的基础上，推出主持人。主持人根据同学们提出的一些具有共同性的问题，确定几个中心讨论题，在课堂上开展自由讨论，相互启发，并允许有不同答案。自由式讨论适合一些课文难易适中、与学生生活关系比较密切的话题。

3. 竞争式

这是一种根据学生好胜、竞争的“开放期”心理，引进竞争机制来组织讨论，最终达到教学目标的讨论方式。竞争可以是个人竞赛、团体竞赛或自我竞争。个人竞赛则从能否勇于参与讨论、讨论结果的正确性、创造性和发言的流畅性等角度进行激励，使学生展开竞争，活跃讨论气氛；团体竞赛主要是指在平行班之间、班内小组之间进行竞争，提高效率，从而达到教学目标；自我竞争即引导学生从参与讨论的勇气、次数和讨论问题的创造性等方面形成“昨天之我”“今天之我”“明天之我”的竞争，促进自我提高。竞争性讨论可以运用于每一种类型的课文，也可用于教师组织的课外活动。比如，做一些英语填字谜游戏和猜谜语、举办讲故事比赛等。如果有一些小小的奖励，效果会更好。

4. 双向咨询式

这是一种围绕中心论题，通过学生的提问、教师回答或教师提问、学生回答展开讨论的方式。这种类似谈心的讨论方式的优点是：课堂气氛平和，师生感情融洽，容易激发学生的讨论欲望和思维热情。双向咨询式讨论一般是前面几种讨论方式的有机补充。由于学生存在个体差异，其思维角度、理解能力也必定有很大的差别，因此在讨论中教师要尊重学生的发言，尽可能从不同角度肯定学生发言中的合理因素和价值，使学生在讨论中获得成功感。

实施灵活课堂讨论形式策略时应注意以下几点：首先，要成功地组织课堂讨论，教师要进行充分的准备。比如，教师应提前告诉学生将要讨论的话题以及要讨论哪几方面，也可以事先提出一些相关的问题以便学生进行有目的的准备。教师要尽量去提供一些在讨论中可能会出现的有用的词汇和句型以便提高学生的表达能力。其次，教师要创设良好的课堂讨论环境，激发学生讨论的兴趣。教师可以运用一些教学辅助材料和设施，如图片、卡片、录音机、投影仪、数字化设备等多媒体手段使学生获得感性材料，加深对学习对象的印象，引起学生的学习兴趣。另外，教师应尽量选择学生感兴趣的话题，设置具体情景，鼓励学生展开联想，锻炼他们的思维能力，激起学生的学习兴趣，从而取得良好的教学效果。

第十章　核心素养的大学英语教学与文学素养

第一节　文学素养和大学英语教学

随着全球化程度的不断加深，英语作为一种国际通用语言，其重要性也越来越明显。英语更是学校的一门主要课程，教师和学生都投入大量的时间和精力，力图能熟练掌握这门语言，但结果却往往差强人意。

究其原因，传统的教学模式对教学质量有很大影响。课堂上，不少教师仍沿用单一的“满堂灌”形式进行教学。即使准备再充分，讲解再细致，也难以实现学生的自主性、主体性，甚至还会造成学生对教师和教材过于依赖，缺失了主动学习、积极思考的能力。

事实上，传统的英语教学目标的制定也有所偏差。英语学科的教学目的不单是提高学生应用英语语言的能力，还要注重学生鉴赏英美国家语言文化的能力和跨文化交际能力的培养。因为，英语虽然是一种交际工具，但它同时也具备一定的人文性和思想性。随着时代的进步和经济的发展，涉外活动日益频繁，仅仅依靠正确的语法、句型、词汇表达，哪怕是流利的语音、语调，也难以做到应付自如。我们还需要了解英美国家的风俗文化、行为习惯、思想观念和价值取向，才能保证交际的顺利进行。

但目前，许多教师把课堂的重心放在语法分析、词汇讲解上，再补充大量习题给学生用以巩固知识点，甚至推荐一些所谓的速记窍门，让学生在死记硬背的道路上越走越远。虽然能掌握大量知识点（或者叫考点），但在实际运用中却左支右绌，并且在这种枯燥的学习中还有可能会逐渐丧失对英语的兴趣。

众所周知，兴趣是最好的老师。要提高学习英语的成效，必然要培养其兴趣。

但如何能在英语教学中实现这一点，是许多教师都感到困扰的问题。笔者以为，文学素养恰恰是一个关键。

文学是语言的艺术，又是艺术的语言。语言和文学是不可能分开的。文学作品中的语言是语言的精华。莎士比亚的戏剧、狄更斯的小说、狄金森的诗歌及其他许许多多的优秀作品，恰似充满文学色彩的语料词库。高雅、通俗、含蓄、明快，不同时代不同作家，多样的风格正体现了英语表意丰富的特点。而学生在阅读时更能身临其境，摆脱掉一味死记硬背的枯燥乏味，从而感受到不同场合不同语言的运用，进一步提高对语言的鉴赏能力，并且能够对英语国家的文化和历史有一定了解。

不仅如此，文学素养也可以说是一笔宝贵的人文财富。通过提高学生的文学素养，能够直接或间接地加强其语言和文化修养，并且对开阔眼界、陶冶性情、培养文化的鉴赏能力和跨文化交际能力都有不可忽视的作用。无数优秀的文学作品灿若繁星，恰似一个万花筒般的天地，学生在其中自由地徜徉不但可以巩固其语言基本功，还能引导他们树立正确的价值取向，并升华其思想。

在日常教学中，教师可以利用多种途径来提高学生的文学素养。首先，对课本中文学作品的教学，可以要求学生课前通过上网等方式查阅相关作家背景及作品信息资料，以锻炼他们的自主学习能力。教师也不能仅仅满足于将生词和语言点作为教授重心，更要注重把握整篇文章的布局谋篇和逻辑关系，并适当介绍修辞手法来引起学生的兴趣并展现文学之美。同时，也可以利用目前的多媒体优势，采用视听法等新型教学方法。欧美原声录音、原声电影、唱片等，比起书面资料来显然更加立体、直观。特别是如今学生对于欧美演艺明星也比较关注，适当引入流行的曲目、电影等可以提高他们的学习积极性。而一些经典文学作品改编的影视剧、舞台剧则弱化了原著中抽象晦涩的一面，使学生通过人物的动作、语言等轻易深入作品当中，从而有兴趣、有机会细致了解文学作品的内容和思想，并感悟到语言的魅力和人生的哲理。除此之外，要注意多进行课外的阅读扩展。文学作品的题材无疑是多种多样的，它们采用不同的手法，体现了不同的语言特点。课本选取的虽然是经典，但在浩瀚的文学之海中毕竟只是沧海一粟。教师应当充分利用课余时间，推荐并安排学生阅读英美文学原著，并与之进行必要的沟通和交流，引导他们对语言文学进行鉴赏，在长期积累中提高自己的文学素养。

总之，要想在英语教学中取得良好的效果，培养学生的文学素养具有不可忽视的重要性。充分利用教材中的文学作品，课前做好信息的收集整理，课堂上运用朗读、视听、鉴赏等多种方法，课后要进行大量扩展阅读等，用英美文学名著的人文思想、智慧和魅力去吸引学生、征服学生。笔者相信，在文学作品的熏陶下，学生能够更轻易地找到英语入门的途径，并在长期的积累中产生兴趣，自觉、主动地学习，从而使英语教学取得更好的效果。

第二节　英语文学应当得到充分的重视

英国文学的发展历史比较深远，经历了漫长的发展和历史演变。在演变的过程中，文学受到了各种现实理论和外界力量的侵蚀，也受到了历史、政治以及文化的熏陶和影响，发展到现今，也逐渐成熟。随着世界经济贸易的发展，当前英语文学也受到了广泛的关注，高职院校也要重视英语教学，开展英语文学教学研究，对为社会培养高素质的英语人才具有重要意义。

一、英语文学的内涵分析

所谓的英语文学主要指的就是用英语写成的文学作品，作品的创作者不一定是来自英格兰。美国文学中的英语作品也可以纳入英语文学中，但一般情况下美国文学都是按照一个独立的重要学科进行处理的。英语文学发展历史悠久，具有丰富的内涵和价值。其中包括古代文学、中世纪文学、文艺复兴、新古典主义文学等，也包含诗歌、散文、小说、戏剧等，如莎士比亚的戏剧《哈姆雷特》《李尔王》，乔治·查普曼的《荷马史诗》，詹姆士一世的英皇钦定本《圣经》等，都是英文作品中充满智慧的结晶。

二、在英语教学中贯穿英语文学的重要性分析

（一）培养学生的英语学习兴趣

俗话说：兴趣是最好的老师。学生如果对一件事物比较感兴趣，就会积极地投入学习中，主动地去了解事物、认知事物。因此，高职英语教师在实施英语教学过程中，就要加强对学生学习兴趣的培养。文学是语言艺术性的表现，具有生动、形象以及凝练的特点，文学可以作为学生学习英语的材料；文学语言有生活化的特征，其是来源于生活，又体现生活的一种作品，具有通俗易懂、自然的特征，将其应用于英语教学，有助于学生的理解和吸收，提高学生学习的积极性。人们对于美丽的事物总是充满着好奇与好感，向学生展现英语中的美，有助于吸引学生的目光。英语和汉语一样，在语言中也处处有美的存在，是世界上最丰富的语言之一。在英语文学作品中，莎士比亚的戏剧、马克·吐温的小说等都是历史上不朽的佳作。在为学生讲解的过程中，向学生揭示其中存在的美，可以让学生全身心地投入审美意境中，从而提高学生的学习兴趣，让学生投入英语文学的阅读和研究中，提高学生学习的积极性和主动性，从而提高学生的英文水平。

（二）培养学生的英语思维能力

英语文学中富含了丰富的文学作品，其中也包含大量的词汇、句式等，学生通过对英语文学作品的学习，可以将其中的知识吸收，并将其应用于生活实践中。学习英语是一个长期的过程，需要学生不断地努力和学习。但是当前很多高职学生在学习和生活中，接触到英语交际的情况比较少，其学习的知识也就不能用于实践，不能在实践中得到良好的锻炼和成长。因此，学生可以借助阅读和学习英文作品的机会，将自己所学的知识应用于实践，在阅读和翻译的过程中，可以收获更多的知识，让学生逐渐养成英语思维，提高学生的英语思维能力。

（三）有利于实现跨文化交际

语言是文化的一种表现形式，文化需要用语言表达出来，语言也承载着不同国家和地区的文化，学习语言的目的不是单纯地学会使用，还要了解语言中的文化。高职英语教师在实施英语教学的过程中，对学生采取多种教学方式，可以将英美国家的不同文化介绍给学生，也是学生掌握英语文化的一种有效方式，可以帮助学生更好地进入英语学习中，感受丰富的文化内涵。文学也是一个民族的思想文化精髓，是人类宝贵的精神财富，其中也蕴含着一个民族的经济、政治、文化以及风俗习惯等。学生通过对英语的学习，在听、说、读、写的基础上，可以更加深入地了解一个国家的文化、思想。当前，随着经济全球化的发展，国家与国家之间的交往也越来越频繁，英语作为一门国际通用语言，更需要我们对其思想、文化以及风俗习惯等进行了解，避免在交流过程中，出现不必要的误解和冲突。因此，对于学生的培养，不仅需要培养基本的语言能力，还要加强对学生跨文化交际能力的培养。这就需要教师在教学过程中，对此引起重视，利用多种教学形式，通过文学作品鉴赏、光盘以及网络等多种形式，让学生加强对英语文学的学习，同时也可以通过聘请外教的方式，为学生提供有效的语言学习环境。

（四）有助于素质和德育教育

加强对英语文学的学习，有利于培养和提高学生的素质和德育教育。文学是语言的艺术表现形式，英语文学作品可以为学生提供生动形象和丰富多彩的语言输入。文学可以反映一个民族历史文化发展的轨迹，学生在大量阅读文学作品时，可以对其英语文化有深入的了解和认识。学生通过对文学作品的阅读和欣赏，可以学习文学作品中的知识，了解一个民族的文化，从而提高学生的文学素养。同时，在一些经典文学中，包含着一些深刻的人生哲理，学生通过对这些文学作品的阅读，在潜移默化中会受到作品中一些观点的影响，在提高自己的语言能力的同时，也可以提升思想道德水平。

总而言之，在英语教学中教师如果采用阅读英语文学的方式进行教学活动，让学生逐渐形成良好的英语思维能力，感受语言文化的魅力，刺激学生对英语学习的兴趣和求知欲，不仅能够很好地促进学生的语象、心象和情象境界的形成，还能培养学生的跨文化交际能力；不仅使英语教学更加有魅力，同时也使教学效率和质量得到提升。因此，大学英语教师在教学的过程中，要认识到英语文学的重要性，采取有效的教学措施，将其融入英语教学中，提高学生的英语水平。

第三节 逐步使文学素养教学内容丰富起来

一、对文学作品实施多角度的解读教学策略

纵观大学英语教材，我们发现选材注重趣味性、信息性、实用性和时代性，题材广泛、体裁多样、内容丰富，涉及语言、文化、习俗、伦理、信息、科学、社会焦点等方面。波兰哲学家、现象美学家罗曼·英伽登曾说：“文学艺术作品可能以非常多的方式被接受。”尧斯·霍拉勃也认为：“读者决定一切。一部文学作品，并不是一个自身独立、向每一个时代的每一位读者均提供同样观点的客体，它不是一尊纪念碑，形而上地展示其超时代的本质，它更多地像是一部管弦乐曲，在其演奏中不断获得读者新的反响，使文本从词的物质形态中解放出来，成为一种当代的存在。”因此作为文学作品，具有向一切合理解释开放的特征，这种文本作品理解和阐释的多元性是与文学作品本身所具有的底蕴的丰厚性与多元性相统一的结果。

如 Marriage Across Nations（New Horizon English，Second Edition，Book II，Unit3）描写了一对美国父母对他们的女儿盖尔与一个非美国国籍的黑人马克的婚姻态度，并描述了盖尔与其父亲发生的冲突。其中作者对于盖尔父母两人与盖尔的对话描绘得栩栩如生，使上下两代人性格迥异的人物形象跃然纸上。盖尔母亲先前对马克的欣赏，因为女儿的计划（结婚）而大打折扣；而父亲更是怀疑马克是出于给自己获得合理的美国公民身份的原因而结婚，并且说他们的跨种族婚姻会给他们脸上抹黑，邻居们会嘲笑他们。女儿盖尔与其父母对待婚姻的看法形成了鲜明的对比，她反对父母的种族主义，认为她和马克彼此尊重、理解，并能承受生活当中的任何起起伏伏，而其父最终还是建议取消她的跨种族婚姻。在美国不长的历史中，跨种族婚姻在大多数地区曾被视为禁忌。直到 1967 年 6 月 12 日，美国最高法院废除了弗吉尼亚州的一项禁止白人与其他种族通婚的法令。这项裁决同时也推翻了美国其他 15 个州反对黑、白种族通婚的法律。此后，美国跨种族通婚的人数开始增加。21 世纪的美国，随着不断高涨的移民潮，来自世界各地不同种族的人大量涌入美国。跨种族通婚和混血儿数量激增，美国社会也变得更加多元化，种族间的隔离正在逐渐减少。尽管跨种族婚姻在美国年轻人中得到了多数支持，但是这种现象并没有被普遍接受，反对的声音仍有一定的市场，对跨种族通婚的夫妇进行辱骂、威胁甚至焚烧十字架等现象时有发生。美国国家健康统计中心最近的数据显示，10 年间，跨种族通婚的夫妇离婚率为 41%，而同种族结婚的夫妇离婚率为 31%，在与美国种族主义的长期斗争中，跨种族婚姻仍然处于一个“非常尴尬的境地”。盖尔的父

母对待女儿婚姻的态度，揭示了美国社会长期存在的敏感问题。盖尔的父母想叛逆传统，但面对自己的亲人，他们却在用自己的方式承载传统文化，可以说他们是传统文化与现代意识的矛盾统一，是继承传统与适应现代社会的、具有双重性的人物形象。

二、实施研究性学习教学策略

H.H.Stern认为，研究性学习不仅是一种全新的学习方式，更是一种先进的教育思想、教学方法。它强调学生自主参与类似于科学研究的学习活动，获得亲身体验，逐步形成善于质疑、乐于探究和努力求知的态度，激发他们探索、创新的欲望。研究性学习所具有的自主性、开放性、探究性等特点有利于在教学过程中培养学生的创造性阅读能力和批评素质，是学生提高文学素养的有效途径。而在创造性阅读能力和批评素质的培养过程中，研究性学习特点的体现又是相互联系的。

（一）探究性与自主性

学生文学欣赏能力的培养是学生对课文进行主体创造性阅读，对课文的人物、主题、言语形式等审美因素进行探究，在自由思维的天地里获得不同的见解，从而激发想象力与创造力并最终获得创造性批评素质的过程。《大学英语》课程正具备这样的探究条件。此外，探究性决定了在这一过程中学生不是被动接受而是主动探索，因而又体现了一种自主性。对课文做主体性充分自由的阅读，既为学生形成独创性见解和创造性批判素质提供了先决条件，又符合人的个性化发展规律和个性化教育的要求。

（二）自主性与开放性

研究性学习的探究性与自主性又决定了它的开放性。同样，学生独创性的见解和创造性的批判素质也是在对课文进行开放性阅读和理解的过程中获得的，反过来学生见解的独创性和批判素质的创造性又决定了它们必然是开放性的。所以，开放性的内涵是与《大学英语》教学中学生创造性批判素质的培养相一致的。首先是资源与时空的开放，比如，讲授新课前教师要摒弃传统的照本宣科地讲授教参提供的背景知识的做法，而让学生走出课本与课堂，利用图书馆与网络等收集资料；其次是组织形式的开放，在对课文的人物、主题、语言、结构的欣赏过程中可引导学生之间进行讨论，或课后要求学生个体写出个性化的、小的理解评论、人物形象及主题分析小报告或小论文等；最后是研究结果的开放，研究性学习允许不同的学生根据自己的理解和所掌握的资料以各自的思维方式得出不同的结论，而不是追求结论的唯一化和标准化。这正适合学生对课文进行创造性阅读，也利于学生独创性见解与创造性批判素质的形成。比如，在《跨国婚姻》中，盖尔父母亲对待跨种族婚姻的一些观点等。对于这些观点该如何理解是教学过程中无法回避的问题。这就要求教师在教学中，除了引导学生从深层次上理解作者的真正意图外，还应从意识形态的差异的角度去启发学生对这些观点进行开放性的讨论，以形成个性化的理解，而不是对这些观点进行简单否定。

三、实施言语形式审美把握的教学策略

既然文学是语言的艺术，英语教学中学生文学素养的培养就离不开对言语形式的感知体悟。这就要求教师在教学过程中善于利用优美的语言材料启发学生对言语形式所蕴含的艺术美的领悟，进而培养学生的审美能力和审美情趣。

（一）教学过程中侧重培养学生丰富的想象力和敏锐的感悟能力

文学的本质是审美（陈望道），因此在教学过程中教师应以感性为主，以促进学生想象的灵活性和丰富性的提高为己任，而不能听任理性的分析取代感性的领悟。

（二）引导学生整体把握课文，学会欣赏文章的结构美

大凡优秀作品，都有主题鲜明、层次清晰、结构安排巧妙的特点，大学英语为我们提供了许多这样的范文，如 Culture Shock，Lighten Your Load and Save Your Life 等。

（三）结构变化

As His Name Is，So Is He!（New Horizon English，Second Edition，Book II，Unit6）讨论了人的名字与人的本性、素质、个性特征等之间的关系。该文没有采用开篇就直接讨论这个观点是否正确的方式，而是以一位优雅的女性改名并且因为名字的改变而带给她事业的成功与自信这一趣事说起，达到了吸引读者的效果，而后采用例证法、引证法等对人如其名展开论述，这种谋篇布局上的变化避免了平铺直叙造成的结构单调。

（四）首尾对应

Reports on Britain Under the Bombs（New Horizon English，Second Edition，Book II，Unit10）是关于英国在德国轰炸机轮番进攻下为生存而进行的战斗。哥伦比亚广播公司驻欧负责人爱德华 · R. 默罗总是以播放“这里是伦敦”的声音传递着一种信心——无论要忍受怎样的苦难，伦敦也将巍然屹立的信念，伦敦是摧不垮的。当读者读到“大火熊熊燃烧，房屋倒塌，煤气管道爆裂，街道上升起浓浓黑烟……”描述遭受如此重创的伦敦时，人们觉得她似乎快挺不住了，而最后一段描写就消除了人们的顾虑：“The Nazi powers were finally defeated by the Allied nations.”合理的首尾呼应使文章结构完整严密。

第四节　提升学生的英语阅读能力

高校英语教学重在阅读教学，阅读教学的好坏直接关系着高等职业学校英语教学的成败以及是否能实现高校英语教学的最终目标，因此其必须重视英语阅读教学，积极着手提高学生英语阅读能力。

一、激发学生的阅读兴趣

“兴趣是最好的老师”，兴趣是人们爱好某种活动的倾向。学生对英语越有兴趣，学习积极性就越高，自觉性就越强，因此在教学中要不断激发学生对英语的兴趣。教师应采用各种生动、有趣的教学方式激发学生学习英语的兴趣，如充分利用直观教具和电教手段为学生创设英语学习环境，增加气氛，激发学生的学习兴趣；坚持用英语组织课堂教学，用优美的语音、语调去感染学生，用风趣、幽默的语言去启发学生，选用实用、生动、有趣的例句，使学生在轻松、愉快的氛围中获得知识；同时尽可能多地为学生创造语言实践的机会，如让学生用英语做值日报告、情景会话、教唱英语歌曲、做游戏、英文短剧表演和组织英语竞赛等。让学生用学过的词语或句型表情达意，充分满足他们的表现及创造的欲望，使他们享受到英语学习的乐趣，从而产生强烈的学习需求和持续饱满的学习热情。另外还可以通过介绍英语背景知识、讲英文笑话和国外趣闻等，激发学生对英语的兴趣，引起学生的阅读愿望，使学生想读、爱读，从而在阅读教学中收到事半功倍的效果。

二、扩大学生词汇量，进行系统的语法训练

决定英语阅读理解能力的因素很多，且人们普遍认为，词汇量、文章的背景知识、阅读技巧的运用、母语阅读能力等都与英语阅读理解相关。就非英语专业学生而言，英语阅读理解的好坏主要是看学生的词汇量，词汇量越大，理解得越快、越好。如果学生达不到一定数量的词汇，就难以运用分析、归纳、推断等能力。因此，要提高学生的英语阅读理解能力，教师应本着促进学生词汇学习由自发向自觉转化的原则，从构词法、一词多义、一词多译等方面来扩大学生英语词汇量，教会学生根据上下文和词根、词缀等猜测词义，为阅读理解扫除障碍。

阅读不是一种孤立的语言技能，它在掌握一定词汇量的基础上还必须具备一定的语法知识。高校学生掌握的语法并不全面，因此有必要对他们进行系统的语法训练，特别是加强疑难句的分析与理解。而理解疑难句的关键在于把握句子的主干，掌握各句子成分之间的结构和逻辑关系，并最终抓住句子的核心意思。

三、提高学生的语篇分析能力

词汇、语法知识的掌握是英语阅读理解的先决条件，词句理解则是阅读理解的基础。学生的阅读理解能力的提高与否，关键要让学生学会对语篇的分析技巧。这是因为，它能培养或激发学生的创造性思维，有助于提高学生的语言能力和交际能力。因此，在英语阅读教学中，教师所选用的阅读材料在题材上尽可能地涉及日常生活、传说、人物、社会、文化、史地、一般科技、政治和经济等；在文章的体裁上，应避免单一化，选用叙述文、描写文、说明文、议论文和应用文等。与此同时，教师必须对学生进行文章体裁特点的详细分析，先结合文章标题和相关背景知识预测文体和主题，接着略读课文，验证预测情况，并通过问答、简述、绘图、列表等方法概括文章主要内容，掌握文章的中心思想。

总之，阅读可以说是一个人的语言知识、背景知识和其他专业知识相互作用的过程，是根据已有的语言材料、文化知识和逻辑推断进行推测和纠正的过程。因此，教师只有充分调动学生学习的积极性，不断克服阅读过程中的不良习惯，鼓励学生正确运用阅读方法和技巧，不断加大阅读量，扩大英语词汇量，才能真正提高学生的阅读水平。

第五节　教会学生阅读方法

一、看原著的难度

这对于初读原著的人很重要，开始可以选择流行口水小说，如西德尼·谢尔顿等难度不大的通俗小说，或者比较现代化版本的儿童童话（因为有些古老的英译童话有俚语和中古英语，虽然比较少），读了一些以后，可以挑战克里斯蒂的侦探小说，有 80 多种。

但是笔者不建议读简写读本。简写读本也是流利简明的英语，但是中国人的特点会觉得没有成就感。这是反对读它们的主要原因。而且这东西读多了有依赖性，不愿意挑战难的。

读原著 10 本以上、10 本之内保持难度的均衡，10 本之后要有意识地加强难度，笔者建议每 10 本一个台阶，有意识地将读物难度往上抬一点，但一定要注意不要太难。

随着一个人水平的提高，对原著难度的感观也会发生变化，这里忽略不计。一般来讲，18—19 世纪的经典英文原著，都不适合一开始阅读，会强烈打击自信心；流行口水小说看起来没有营养，却是熟悉基本词汇最快的途径。看得进去故事，书自然就容易读了。当然，到了后期还是要看经典原著。

初学者还是要分出梯度，不要一口想吃成个胖子，这是很多人需要克服的极大的缺点。但即使是读最低等的原著有困难，也要咬紧牙关读下去。

二、单词

单词随着阅读自然而然增长，准备一个电子词典或者手机词典。每页原著一定要限定自己只查 1~2 个单词，哪怕这一页有 15 个单词不认识，也一定要忍住不去查其他单词，如果真的是重要的单词，在后面还是会不断出现的。

有的人说他忍不住想查清每个单词，这样就影响了看书的效率，日子一久，就不行了。其实你忍不住想查清每个单词，是人的一种缺点，只看得清芝麻，看不见长久努力后会得到西瓜。

看原著速度一定要快，争取在 10 天之内解决一本原著。一开始可以有意识地挑 100~370 页内的原著，减轻自己的压力，单纯地为了把自己的“累积量”提高到 10 本而奋斗；10 本之后，自己会摸索出一个自己的方法。读完 10 本是成功的第一个标志，之后的目标是 20 本、50 本、80 本、100 本。

每页查 1~2 个单词，看起来最好是把这单词记到笔记本上复习——笔者强烈建议不要这样做！速度在初期是一切之本，应该加快速度，自然而然地让单词碰见你，而不是你想着单词。忘掉单词！去享受故事。每页不得不查 1~2 个的时候，你去查！哪个词应该查，哪个词不应该查，你会在实践中知道的。

三、时间

笔者记得第一个半年，笔者读了大约 25 本原著，第二年全年读了约 53 本，基本是每星期一本。一开始可以慢点，15 天一本，慢慢地进化到 10 天一本，最后进化到 7 天一本。你还可以在合适的时候挑战极限，看自己 2 天、1 天能不能看完一本。在后期这都是可以做到的。量要大，速度要快，单纯地为了积累数量而努力，英语阅读能力自然就被涵养成了。

四、如何挑选作品

（一）浪漫喜剧小说

这类小说一般是写给青年人看的，语言通俗浅显，风格轻松活泼，题材软性轻松，每每受到读者喜爱；这类讨论男女关系、家庭生活的小说，时空背景又多设定于现代，书中人物的生活不至于与现实脱节太大，观众很容易就能产生共鸣。此外，有些对白场景与日常生活情境相关，值得学习者留意，比方说，上餐馆点菜或与人辩论等；甚至，透过故事还能了解英美等国的风土文化，比如说，婚礼或节庆的习俗。

除了上述类型的小说之外，一般的故事主题包罗万象，小到人生哲理，大至国家要事，同样可以拿来当成学习的教材，并进一步训练批判性思考或口语简报讨论的能力。不过，其情节通常要比浪漫喜剧来得多，而且情节较为复杂，探讨的主题若是扯上国家社会问题，也会显得较为严肃，学习者可要有点耐性。由于各个作家的写作风格不同、文笔也不一样，文字难度上会有很大的差异；即使是同一作家，不同作品也会风格迥异。因此，初学者在挑选上要特别谨慎，否则会挫伤积极性。一般来说，可以选一些已有中译本的小说，这并不是要鼓励大家完全依赖中文，而是有实在搞不懂的地方，可以参考一下译文。其次，小说中涉及的主题不应过于专业或文化底蕴不要太丰富，像迈克尔·克莱顿的作品由于涉及很多高科技，很多魔幻小说引用神话故事，这些并不适合初学者。最后，根据笔者个人的读书经验来看，小说每页的生词不宜超过 3%~5%（涉及的地名、人名、产品名等一般不影响阅读，故不算在内），否则就 Pass。

（二）阅读适合自己水平的作品

古典作品难读、现代作品易读这样的思想观念是不正确的。无论古典还是现代，言情还是神话，阅读的驱动力主要还是兴趣和成就感。前者依赖于个人的口味，而后者则与小说的正确选择有很大的关系。因为要保证良好的阅读效果，不同级别的英语学习者就需要阅读与自己水平相适应的文学作品。太难和太易都不能激发学习的动力。那么应该如何判断自己的水平和小说的水平是否一致呢？最简单的方法就是在不翻阅字典的情况下尝试阅读第一章，然后对照中译本检查自己理解的程度，70%~80% 以上即可以说明水平合适。如果没有中译本，也可以看开头几段，把生词查完后对照查之前的理解程度来判断。有人也提出了以生词量的多少作为选择的标准，3%~5% 的生词量是一般要求。然而有的作品即使有大量的词汇不认识也不会影响阅读（这类词汇主要包括专业领域的名词和部分形容词，还有少部分可以猜测意思的动词和动词短语），另外一些作品则正好相反。所以还是要主张以理解程度来判断。平时阅读时只有多多尝试不要轻易放弃，就不会错过一些表面上很难但实际上能读懂的小说。

正式开始阅读英语原著时应做的第一件事情是进行整体阅读，即不看正文，而是看全书的封面封底、书名与作者，然后是目录、作者序言等。

第二件事情则是解决时代隔阂问题，即找到作者的背景资料（最好是汉语的）及本书的创作背景、内容介绍、写作风格、故事主题等。这两件事情是进行原著阅读时必须做到的先期工作。

五、读原著时的常用装备

笔记本（是记笔记的本子，也可以是电脑）或者小卡片 N 张，主要用来记录生词、词组、好句子，总结、归纳同义表达、近反义词，记录难点。

英汉双解词典一部，要勤翻词典，或者用文曲星代替，但最好用词典——词汇认知学指出词汇的记忆效果与词汇的检索时间正相关。

六、阅读方式

一部著作的开头往往需要Pay much more attention。因为一个作者的人物、故事交代、写作风格、用词习惯等一般都在前1/5~1/3部分体现，通常一开始看一部书时会觉得比较难。如果你能集中注意力，认真地反复看几遍，用心记一些单词（它们往往会在后面重复出现，前面记住了，后面就容易了），搞清人物特征、相互关系，则看后面部分就渐渐容易了，速度也会加快了。所以，一开始一定要耐心细致地慢慢查单词，不要一觉得难就放弃。要相信：后面就容易了，会快起来的！（但有些著作以倒叙的形式开始，如果你觉得有些摸不着头脑，可以跳过前面倒叙部分，直接从顺叙部分开始看。最后再来看前面的倒叙部分。）

在阅读时，要尽量根据上下文去猜测词意、句意。根据场景、人物性格、心理活动、当时的话题等猜测词意、句意，而不一定每个单词必查、必记。有些单词在几次反复遇到时，自己对它的意思已经有了猜测，再查词意，这时，往往一下子就能记住它的词意或多重意思。

记英文单词就像交朋友，“一回生，两回熟，三回成为好朋友”。对一个词的词性、词意、用法，往往要经过多次反复的“见面”“使用”（在写作、表达过程中），才会成为自己掌握的词，能灵活应用，用得恰到好处，用得巧妙！所以，英语的阅读要养成习惯，要成为自己生活的一部分，每天读一些。

阅读最好能结合听、看，多管齐下，视、听觉、多媒体共同作用，能达到几倍的效果。一部著作用它的简写版、原版、朗读版、改编电影片等来全方位地学习、阅读、听朗读、看电影结合一起来进行。往往有这样的情况：一些内容在第一遍阅读时不能理解其意思，但反复多次听朗读后，却豁然开朗，一下子明白了主人公此番话语的意思！同样，我们在听朗读、看电影时会有一些不明白的词语、场景意味，会激起心中的好奇心，很想去看看原著书中到底是什么词、什么意思、为什么会这样……常常我们在第一次看影片时只能看懂一半或多些，但多看几遍后，能理解的成分就提高了；通过仔细阅读其原著后，许多疑惑就迎刃而解了！这样，带着问题去钻、去学，让学习成为一种享受。

每天阅读6页（$6\times225=1350$字）在阅读过程中碰到生词先做标记，读完后再查，把生词记录在本子上并及时背诵。

七、如何避免复杂的句子和生词影响阅读的进程

大写的词语一般是专属名词，可以表示特定的机构和人物，也可以表示现实地区名、

河流、山脉某一类特殊的群体以及作者文章中虚构出来的地方和人物等。

有些动词可以根据主语和宾语猜测出来。还有一些名词，如各种不同的生物，和医学、物理学器具，是不需要知道中文的意思的，比如，bonito 的意思是鲣，鱼类的一种，但是鲣到底是什么就是中文里也不知道；还有希腊的许多小神祇的名称，也是一样。只要能根据上下文的意思确定不认识的名词属于某个专业的范围，就连词典都不用查。读得多了、见得多了自然而然就记住了。就像汉语里的专业词汇一样，有许多我们也看不懂，只是熟悉了就不在乎了。

形容词和动词词组，笔者认为这两个是英文小说阅读里最难的。除了多读、多查、多记，没有其他方法。

如果刚开始阅读第一本小说，速度一定不快，但是应该强迫自己把速度提高上去。因为据心理学研究表明，高速度阅读不但有利于提高阅读的理解能力，还能在一定程度上改善阅读疲乏的症状，可以保证更长时间的持续阅读。那么如何提高阅读速度？第一不要一遇到生词就查词典；第二适当略过不影响剧情的生词；第三参考专门的速读教程。

第六节　使学生在阅读中感受到乐趣

一、找出兴趣点，提高英语阅读能力

“兴趣是最好的老师”，新课标也把激发和培养学生学习英语的兴趣列为基础教育的一项主要任务。在学生阅读前，教师应通过各种巧妙的教学设计以及现代化的信息技术手段激发学生的阅读兴趣，这样学生在内在动力的驱使下，才能发挥自主学习作用，从而提高阅读效果。在教学中，笔者主要采用以下两种方法：

图片引入法。首先利用多媒体展示一些和文章有关的图片作为引例，列出人物和一些关键词，引起学生的兴趣，在介绍中故意留一些悬念让学生自己到文章中去查找结果，学生在任务和兴趣的双重驱使下进行阅读，必然收到良好的效果。

谈话引入法。该方法主要适用于说明文、议论文等，在阅读前引导学生从他们现有知识和生活经历出发，讨论和文章有关的话题，同时教授部分文中的重点词汇。

二、阅读过程中教师的指导作用

要提高学生的阅读能力，仅仅激发他们的兴趣是远远不够的，教师还应该在阅读过程中给予阅读方法和技巧方面的指导，并提供充足的机会让他们去实践、摸索、略读。通过对主题的引导，教师向学生提出一个指导性问题，该问题应涉及课文主题或重要事实，学生带着这一问题快速阅读全文，力求在规定的时间内找到答案。通过这一步骤主要是让学生能快速获取文章大意和中心思想并提高了学生的阅读速度。细读。在把握了文章大意后，可让学生进行第二遍阅读，目的主要是帮助学生了解文章的细节，为了让学生有目的地阅读，教师可提出一些问题让学生去查找。所谓限时阅读即要求学生在规定的时间内完成指定的阅读部分并达到老师规定的阅读目标。目前无论是中考还是高考，阅读理解的分值在全卷中占有较大比例，而且阅读量也比较大，这就对学生的阅读速度也提出了一定的要求。在平时的阅读课教学中教师就应有意识地培养学生快速阅读，提高阅读速度。限时阅读正是实现这一目标的有效途径，如前面提到的略读和细读都应向学生规定具体的完成时间，如三分钟、五分钟等。这样学生由于注意力高度集中会大大提高阅读速度，而且长此以往还能养成良好的阅读习惯。

三、读后的巩固

在阅读课教学中，“阅”是信息的输入，而“读”是信息的处理和输出。

只有信息的输入而没有信息的输出不能说是一节完整的阅读课，更不能实现新课标规定的“使学生掌握一定的英语基础知识和听、说、读、写技能，形成一定的综合语言运用能力”这一目标，因此教师要设法引导学生“读”出来。方式可以多种多样，如给学生提出一个紧扣主题的拓展性问题，把学生分成若干小组，对话题进行讨论，然后每组派一位代表向全班汇报他们的讨论结果，也可以通过这一单元的教授达到情感教育的目的。总而言之，提高学生的阅读能力是我们每位英语教师的责任，我们应该充分利用每篇阅读课文，精心设计，采取多种手段和方法，努力提高每位学生的阅读能力，并最终实现新课标中听、说、读、写的目标。

参考文献

[1] 曹洋洋 . 核心素养下学生英语思维品质培养 [J]. 文理导航 (上旬)，2023(1):58-60.

[2] 陈楠 . 聚焦文化意识培养的英语选修课学习活动设计探究 [J]. 基础英语教育，2022，24(6):61-66+111.

[3] 姜男男，李广 . 英语教师教材理解的核心要素、价值定位与实践路径 [J]. 教学与管理，2023(1):43-48.

[4] 王妮 . 核心素养理念下高校英语口语教学改革探究 [J]. 英语广场，2022(36):117-120.

[5] 何莉萍 . 核心素养视域下高校英语师范生教学技能培养 [J]. 海外英语，2022(17):160-161.

[6] 莫敏香，田朝芳 . 高校英语教学中大学生语用技能培养策略研究 [J]. 湖北开放职业学院学报，2022，35(13):180-181.

[7] 吴美欣 . 通识教育理念下的高校英语教学思考 [J]. 新课程研究，2022(18):28-30.

[8] 杜昊轩 . 探讨翻转课堂在高校英语教学中的作用与反思 [J]. 英语广场，2022(15):71-73.

[9] 余建军 . 互联网时代高校英语教学的创新发展：评《互联网时代下高校英语教学研究》[J]. 中国科技论文，2022，17(3):355.

[10] 金俊霞 . 大数据时代高校教学中英语翻译策略分析 [J]. 海外英语，2022(5):25-26.

[11] 宋慧 . 双创视角下高校英语教学创新分析 [J]. 校园英语，2022(6):28-30.

[12] 李俊杰 . 创新教育与高校英语教学融合的路径探寻 [J]. 英语广场，2022(4):79-82.

[13] 王霞 . 应用型人才培养模式下的高校英语教学改革研究 [J]. 延边教育学院学报，2021，35(6):108-110+113.

[14] 宋慧聪 . 基于英语学习活动观的高校英语教学研究 [J]. 英语广场，2021(35):113-115.

[15] 张霞辉，汪奇文，张斐然，喻琴 . 英语学科核心素养视角下民办高校大学英语教学改革研究 [J]. 辽宁省交通高等专科学校学报，2021，23(6):91-94.

[16] 李素婷 . 核心素养导向的高校茶文化英语课堂读写教学思考 [J]. 福建茶叶，2021，43(11):124-125.

[17] 张宁 . 多维互动教学模式在高校英语教学中的应用探究 [J]. 校园英语，2021(44):79-80.

[18] 李桂贤 . 高校公共英语课堂中大学生核心素养的培养路径探析 [J]. 校园英语，

2021(44):9-10.

[19] 吕佳凌 . 高校英语教学中如何弘扬中国传统优秀文化 [J]. 海外英语，2021(20):237-238.

[20] 温璐璐 . 核心素养导向下优化高校英语教学的有效路径 [J]. 校园英语，2021(39):75-76.

[21] 郝霜燕 . 课程思政理念在高校英语教学中的融入路径探索 [J]. 佳木斯职业学院学报，2021，37(10):70-71.

[22] 杜荔荔 . 聚焦素养，指向发展：基于核心素养的小学英语课堂教学实践 [J]. 英语画刊 (高级版)，2019(8):23-24.